レクチャー
第一次世界大戦を考える

隣人が敵国人になる日

第一次世界大戦と東中欧の諸民族

Mari Nomura
野村真理

人文書院

「レクチャー　第一次世界大戦を考える」の刊行にあたって

京都大学人文科学研究所の共同研究班「第一次世界大戦の総合的研究に向けて」は、二〇〇七年四月にスタートした。以降、開戦一〇〇周年にあたる二〇一四年に最終的な成果を世に問うことを目標として、毎年二〇回前後のペースで研究会を積み重ねてきた（二〇一〇年四月には共同研究班の名称を「第一次世界大戦の総合的研究」へと改めた）。本シリーズは、広く一般の読者に対し、第一次世界大戦をめぐって問題化されるさまざまなテーマを平易に概説することを趣旨とするが、同時に、これまでの研究活動の中間的な成果報告としての性格を併せもつ。

本シリーズの執筆者はいずれも共同研究班の班員であり、また、その多くは京都大学の全学共通科目「第一次世界大戦と現代社会」が開講された際の講師である。「レクチャー」ということばを冠するのは、こうした経緯による。本シリーズが広く授業や演習に活用されることを、執筆者一同は期待している。

第一次世界大戦こそ私たちが生活している「現代世界」の基本的な枠組みをつくりだした出来事だったのではないか、依然として私たちは大量殺戮・破壊によって特徴づけられる「ポスト第一次世界大戦の世紀」を生きているのではないか――共同研究班において最も中心的な検討の対象となってきた仮説はこれである。本シリーズの各巻はいずれも、この仮説の当否を問うための材料を各々の切り口から提示するものである。

周知の通り、日本における第一次世界大戦研究の蓄積は乏しく、その世界史的なインパクトが充分に認識されているとはいいがたい。「第一次世界大戦を考える」ことを促すうえで有効な一助となることを願いつつ、ささやかな成果とはいいえ、本シリーズを送り出したい。

もくじ

はじめに

サライェヴォの銃声。一九一四年六月二八日、ボスニア・ヘルツェゴヴィナの首都サライェヴォで、第一次▼世界大戦のきっかけとなる一発が轟《とどろ》いた。オーストリア＝ハンガリー二重帝国の帝位ならびに王位継承者フランツ・フェルディナント大公の血染めの軍服は、いまもウィーンの軍事史博物館で見ることができる（図1、図2）。

事件の経過をおさらいすれば、軍事演習の視察でサライェヴォを訪れた大公夫妻が、六月二八日、セルビア系のボスニア人青年ガブリロ・プリンツィプに暗殺される。オーストリア＝ハンガリーは、背後にセルビアの諜報機関の関与を見てとり、事件はセルビアに打撃を与える好機ととらえた。一九一二年の第一次バルカン戦争、翌一九一三年の第二次バルカン戦争によって勢力を拡大したセルビアは、二重帝国内のセルビア人やクロアチア人、スロヴェニア人と結びつくことによって帝国の境界線を脅かし、さらにセルビアとロシアの連携は、

▼第1章第1節の注（二〇頁）を見よ。

図１　1914年６月28日、サライェヴォの市庁舎を出るフランツ・フェルディナント大公と妻ゾフィー
この５分後に暗殺された。
(Brigitte Hamann, *Der Erste Weltkrieg. Wahrheit und Lüge in Bildern und Texten*, München/Zürich 2004, S. 12.)

図２　フランツ・フェルディナント大公夫妻の死亡を告げる肖像写真
(Hamann, *Der Erste Weltkrieg*, S. 12.)

二重帝国の存在そのものにとって重大な脅威と考えられたからである。七月二三日、オーストリア＝ハンガリーはセルビア政府に対し、明白な内政干渉を含む一〇項目の最後通牒を突きつけ、セルビアの回答を不満として七月二八日に宣戦を布告した。これに対してセルビアの後ろ盾ロシアは、七月三〇日、総動員令でオーストリア＝ハンガリーに応酬し、他方、オーストリア＝ハンガリーに全面的支援を約束していたドイツは、八月一日、ロシアに対して宣戦を布告する。

八月二日付けのドイツの『フランクフルト新聞』は、「動員」と題して次のように書く。

> ロシアの指導者どもは、ツァーリ［ロシア帝国皇帝］がドイツ帝国に友好を訴えたまさしく同じ瞬間に、背後からドイツに襲いかかるための武器を磨くという、前例なき卑劣行為に出た。……
>
> まことに今日《こんにち》、国境へと出発するドイツの兵士たちは、困難な、しかしまた、偉大にして英雄的な任務をおびている。すなわち半アジアあるいはアジア[1]の輩の暴威から、故郷の土地、両親、母と子を守ることのみが問題なのではない。利己的な、しかし、廷臣や大公どもに破廉恥に悪用されてもいる専制の悪巧みから西欧的精神文化を防衛することこそ重要なのだ。（*Frankfurter Zeitung*, 2. August 1914.）

このように戦争の発端は、バルカンをめぐるオーストリア＝ハンガリーとセルビアおよびセルビアの背後のロシアとの対立だった（図3）。ところが第一次世界大戦研究において、老いたる両帝国の影の薄さはどうだろう。あるいはオーストリア＝ハンガリーとセルビアの戦闘がどのように展開し、どのように決着したのか、これに答えられる人がどれほどいるだろうか[2]。

第一次世界大戦九〇周年を記念して二〇〇四年五月一三日から八月一五日ま

▼1 ここでの「半アジアあるいはアジア」とは、ポーランドより東のスラヴ系諸民族その他が居住するロシアをさし、ロシアが東洋と同様、西洋とは異質な価値観をもつ国家であることを暗示する。

▼2 オーストリア＝ハンガリー軍は一九一五年一〇月にセルビアを征したが、一九一八年に第一次世界大戦に敗北した。バルカンでは、同年一二月、セルビア王家のもとに立憲君主制をとるセルビア人・クロアチア人・スロヴェニア人王国が成立する。同国は一九二九年、ユーゴスラヴィア王国と改称された。

図３　軍事公債の購入を呼びかける1916年のロシアのポスター
「軍事公債（5.5%）を購入しよう。資金が豊かなら、弾薬も豊か！」と書かれている。
（Rainer Rother（Hg.）, *Der Weltkrieg 1914-1918. Ereignis und Erinnerung*, Berlin 2004, S. 150.）

で、ベルリンのドイツ歴史博物館で特別展「世界戦争一九一四-一九一八　出来事と記憶」が開催された。当時すでに第一次世界大戦研究は、それまでの政治や戦争目的、軍事や外交等を中心とする研究から、戦争が「国民」の日常生活や心性、戦争当事国の文化に与えたインパクトの研究へと観点の広がりと深まりを見せていたが、特別展にあわせて五月二四日から二七日まで、ドイツの軍事史研究所（略称ＭＧＦＡ）が歴史博物館の協力をえて開催した国際シンポジウムのタイトルは、「忘れられた戦線――東部一九一四／一五」である。なぜ東部は、第一次世界大戦九〇周年にしてなお「忘れられた戦線」のままだったのか（図４）。

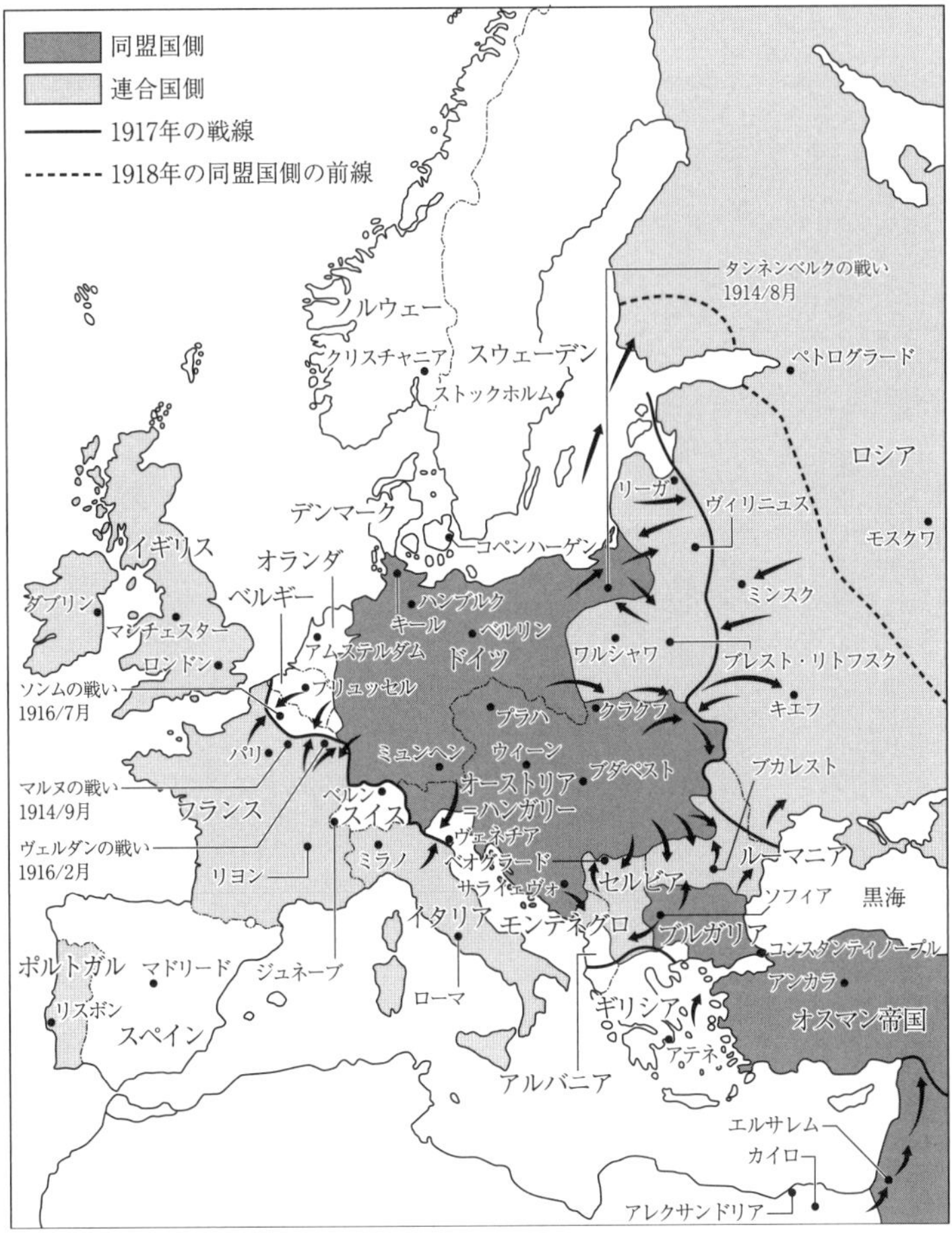

図４　第一次世界大戦中のヨーロッパ
（『シリーズ20世紀の記憶：第一次世界大戦1914-1919』毎日新聞社、1999年、68頁より作成）

何もそれは、東部戦線がエーリヒ・マリア・レマルク（一八九八〜一九七〇）の『西部戦線異状なし』に匹敵する世界的ベストセラーに恵まれなかったせいではない。ひとつにはそれは、従来の西ヨーロッパに偏重した第一次世界大戦の位置づけに関係する。体制転換後、東中欧（ドイツ、オーストリアとロシアに挟まれた地域）の歴史研究が格段に進展したとはいえ、状況は第一次世界大戦一〇〇周年を迎えるいまも大きくは変わっていない。すなわち一七八九年の革命によって王権を打倒したフランスは、内実を見れば問題だらけだったにせよ、傭兵ではなく、「国民」軍というものをもつ、できたてほやほやの国民国家としてのスタートを切った。一八一三年、この革命フランスと諸国民戦争を戦ったドイツでも、以後、ドイツ民族を統一した国民国家の必要が痛感されるようになる。エリック・ホブズボーム（一九一七〜二〇一二）のいうヨーロッパの長い一九世紀とは、フランス、ドイツを軸とする国民国家形成の世紀であり、二〇世紀のはじめ、すなわち長い一九世紀の終わりにそれが終了して、フランス、ドイツが、兵力のみならず、経済的にも精神的、文化的にも「国民」の総力を傾けて激突した最初の戦争、これが第一次世界大戦であったという位置づけである。

二〇〇八年に刊行された『仏独共同通史　第一次世界大戦』（剣持久木・西山暁義訳、岩波書店、二〇一二年）の共著者ジャン＝ジャック・ベッケールとゲルト・クルマイヒは、著書の序文で次のように述べる。

［第一次世界大戦に対する］仏独戦争という呼称は、いくつかの事実からみて、決して不正確ではない。

最も重要な、また最も長期化した軍事行動はフランスの領土で起こったものである。戦争全体で比較した場合、主要な軍事勢力を形成したのはフランス軍とドイツ軍であった。もし一方でドイツ軍が、他方でフランス軍が持ちこたえることができなかったら、戦争が長引くことはなかったであろう。戦争は、ドイツ軍司令部がフランス方面において戦線を維持できないことを確信した時に終結したのである。……

フランス国民やドイツ国民が、どれほどの損失を蒙ろうと、どれほどの犠牲を払っても、勝利を得るまでは戦闘をやめないという、当初は挙国一致の、そしてその後も多数派の確信であった考えを失っていたら、戦争がこれほどまで長引くことはなかったであろう。ドイツの側でも、フランスの側でも、戦争は少なくとも兵士たちの戦争であるのと同様に、国民の戦争でもあった。……　両国民のメンタリティーにおいては、重要なニュアンスの違いを伴うものであったにせよ、戦争が仏独対決であったという意識は、戦争が終わり、年を経ても中心的なものでありつづけたのである。

両著者によれば、第一次世界大戦が「国民」の戦争であったからこそ、ドイツ国民とフランス国民の相互理解促進のため、戦争の仏独共同通史が書かれる必然性があった。

ところが、東部に目を転じ、同じ言葉で東部戦線を語ろうとすると、たちまち行き詰まる。戦争当事国の「国民」同士の和解といわれても、肝心の「国民」というものがさっぱり焦点を結んでこないからだ。なるほどロシアでもオーストリア＝ハンガリーでも、戦争が総力戦であったことにかわりはない。兵役該当者は総動員され、国家の人的、物質的、精神的資源のすべてが戦争に注がれ、国力が枯渇したところでどちらの帝国も崩壊した。しかし、ロシア帝国の後継国家はロシアであり、オーストリア＝ハンガリー二重帝国の後継国家はオーストリアとハンガリーだが、いまのロシア人やオーストリア人、ハンガリー人は、第一次世界大戦の共同通史を書くことにほとんど「国民」的意味を見出さないだろう。細かいことをいえば、そもそも第一次世界大戦が始まったとき、オーストリア人など存在しなかった。当時のオーストリアで、ドイツ語を日常使用言語とする者はドイツ人であり、現在のオーストリアで、ドイツ人とは異なるオーストリア人というアイデンティティが一般化するのは、第二次世界大戦後しばらくたってからである。

多民族国家であったロシアとオーストリア＝ハンガリーで、ロシア軍にいたのはロシア人、エストニア人、ラトヴィア人、リトアニア人、ポーランド人、ウクライナ人、ユダヤ人等々であり、敵方のオーストリア＝ハンガリー軍では、ドイツ人、ポーランド人、ウクライナ人、チェコ人、ハンガリー人、イタリア人、ユダヤ人等々が戦っていた。図4を見れば、東部での戦いは、バルト三国からポーランド、ウクライナを主要舞台とする。戦場でおびただしい数のポーランド人兵、ウクライナ人兵、ユダヤ人兵が倒れ、戦線が移動するたびに家を焼かれ、農地を荒らされたのも、ポーランド人、ウクライナ人、ユダヤ人だったが、彼らの居住地に彼らの名を冠した国民国家は存在していなかった。図5のような現在の諸国家の原型が姿をあらわすのは、第一次世界大戦終了後である。ドイツやフランスでは、第一次世界大戦の戦没者は英霊となり、戦争墓地や戦争記念碑は国民的崇拝を集める聖地となったが、東中欧の諸国家では、第一次世界大戦それ自体は「国民」的記憶とはなりえない。むしろ東中欧の第一次世界大戦は、西ヨーロッパに遅れること一世紀にして、そのような記憶の担い手となるべき国民と、その国民の国家創設史の最初に記される

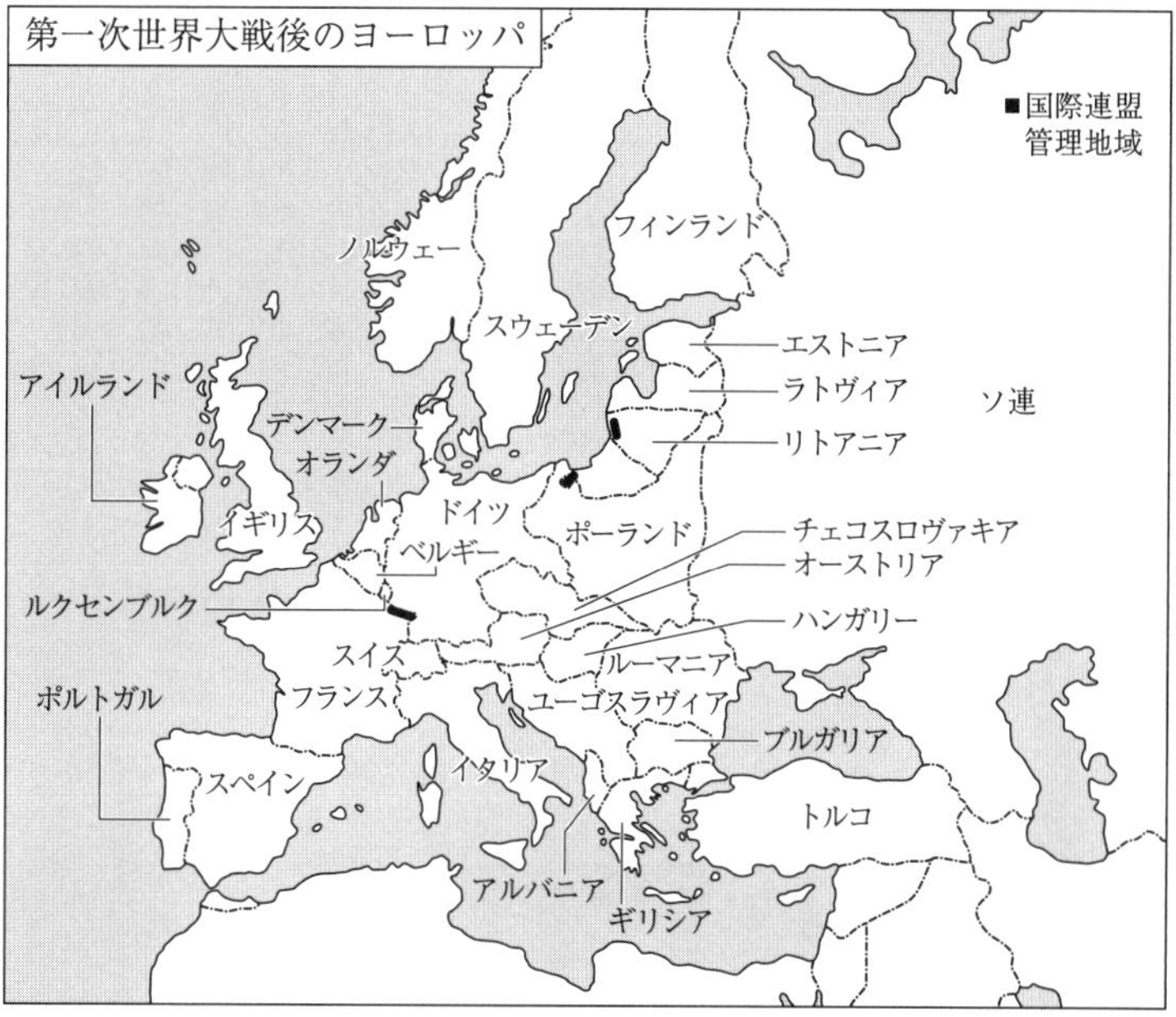

図5　第一次世界大戦後のヨーロッパ
（『シリーズ20世紀の記憶：第一次世界大戦1914-1919』69頁より作成）

べき出来事と位置づけられよう。

とはいえ東中欧に住む民衆の多くは、このような戦争の結末を見通していたわけではない。第一次世界大戦は、彼らにどのように経験されたのであろうか。

先に、ロシア軍やオーストリア＝ハンガリー軍を構成したのは、ポーランド人、ウクライナ人、ユダヤ人と、あたかもそれら民族の境界が明瞭であるかのごとく列挙した。しかし、気をつけなければならないのは、戦争が始まったとき、彼らの居住地に国境が走っていなかったのと同様に、彼らのアイデンティティの境界も、けっして自明ではなかったということである。

一八九六年に東ガリツィア*で生まれたユダヤ人作家ユゼフ・ヴィトリン（一八九六〜一九七六）の『地の塩』（一九三五年）は、第一次世界大戦に巻き込まれた民衆の当惑を描く反戦小説だが、オーストリア＝ハンガリー軍から召集令状を受け取る主人公ピョートル・ニェヴャドムスキは、東ガリツィアの寒村でポーランド人の父とフツル人*の母から生まれたという設定だ。彼は、ポーランド語とウクライナ語を話し、父はカトリックのポーランド人だったが、自分はギリシア・カトリック*の信者だからウクライナ人だと、何となく思っている。それで彼は、帝国議会選挙が近づくとウクライナ民族主義者の選挙集会に出かけ、票集めのためにばらまかれるおみやげをありがたく頂戴するのだが、結局、選挙では、ポーランド人の伯爵に一票を投じた。ガリツィアでは、これまでずっとポーランド人の貴族が政治をやってきたのだし、これからもそうだと考える

ガリツィア
図8を見よ。ガリツィアは、一七七二年に始まるポーランド分割でオーストリア領となった地域で（オーストリアという名称については、二〇頁の下注を見よ）、ガリツィア・ロドメリア王国と命名された。サン川を境として東西にわかれ、東ガリツィアではウクライナ人とユダヤ人が住民の多数を占める。

フツル人
おもにカルパチア山脈南東部に居住する少数民族。

ギリシア・カトリック
一六世紀末、ポーランド・リトアニア国領内の東方正教会の一部がローマ教皇の権威を認め、正教会から分離することによって成立した。典礼は東方正教会に従い、教義はカトリック。東方典礼カトリック教会、東方帰一教会、合同教会（ユニアート教会）とも呼ばれる。ポーランド分割後、ロシア領では正教会に再編入されたが、ガリツィアでは、ギリシア・カトリックはウ

からだ。農民あがりのウクライナ人が政府でうろうろするなんて、ニェヴャドムスキには、どうもしっくりこない、というのだ。ヴィトリンの表現によれば、ニェヴャドムスキは、民族意識と民族意識のあいだに敷かれた敷居の上に立っていて、その両側に属しつつ、そのどちらにも属していないのである。

一九一六年にルーマニアが参戦した後▼、東部戦線はバルト海から黒海にまで達し、人々の経験の様相は地域によって大きく異なる。副題に「第一次世界大戦と東中欧の諸民族」と掲げつつも、事例として本書がとりあげるのは、オーストリア帝国領ガリツィアの、とくに東ガリツィアに限定される。そのさい、論述の整理上、そこでのポーランド人、ウクライナ人、ユダヤ人の経験を別個に追うが、この三者のはざまに、ピョートル・ニェヴャドムスキのような人々が、ごく普通にいたことを忘れてはならない。

最後に、多民族混住地域であったガリツィアにわけ入る前に、煩わしくても繰り返さなければならない断りがいくつかある。

ガリツィアの地名表記については、原則的に本書が対象とする時代に使用されたポーランド語称を採用したが、適宜、現在のウクライナ語称やドイツ語称も補った。旧ガリツィアの西半分は現在もポーランド領だが、東ガリツィアは、現在はウクライナに属し、ポーランド語称では、現在の地図帳で場所を探すことができない。また、ガリツィア出身のドイツ語作家の作品の邦訳では、ガリツィアの地名は、たとえばレンベルク（ポーランド語称ルヴフ、ウクライナ語称

クライナ人の民族教会として発展した。

▼第一次世界大戦前、ルーマニアは中欧同盟と秘密同盟条約を結んでいたが、一九一四年八月に戦争が始まると中立を宣言した。その後、トランシルヴァニア、ブコヴィナ、バナート、マラムレシュ領有の保証をえて、一九一六年八月、連合国側に立って参戦する。戦争中、ルーマニアは国土の三分の二を中欧同盟軍に占領されたにもかかわらず、連合国の最終的勝利によって先に保証された領土を獲得したほか、ロシア革命の混乱に乗じてベッサラビアも領有し、第一次世界大戦後、国土をほとんど倍増させた。

リヴィウ）のように、ドイツ語称でカタカナ表記されることが多く、それに親しんだ読者の便宜を考えれば、ドイツ語称も無視できないからである。

ウクライナ人の人名については、必ずしもウクライナ語称に統一しなかった。たとえばウクライナ語で詩を書き、現在、ウクライナの国民詩人と呼ばれるタラス・シェフチェンコ（第1章第2節参照）などは、ウクライナ語称でシェウチェンコと表記すべきという考え方もあるだろうが、日本語のほとんどの文献では、シェフチェンコと記されているからである。コトリャレフスキ（第1章第2節参照）も同様である。そのためウクライナ人の人名表記については、ロシア語称、ウクライナ語称、あるいはその折衷となっているが、それによって人物の特定に混乱は生じないはずである。

第*1*章　民族主義者の思惑

「２対７！」と題されたポスター。ベルリンで作成された。上段左はドイツ皇帝ヴィルヘルム２世、右はオーストリア＝ハンガリー二重帝国のフランツ・ヨーゼフ１世。中段左から、モンテネグロのニコラ１世、セルビアのペータル１世、日本の大正天皇嘉仁、ベルギーのアルベール１世。下段左から、ロシアのニコライ２世、イギリスのジョージ５世、フランス大統領ポアンカレ。(Hamann, *Der Erste Weltkrieg*, S. 25.)

1　ポーランド問題

第一次世界大戦とポーランド問題

「はじめに」で述べたように、本書の重点は民衆の戦争経験におかれるが、その前に、後論に必要なかぎりで、一般読者にはなじみの薄いポーランドとウクライナの民族運動について説明しておきたい。そのさい、訳語が定まっていない団体名には必要に応じて原語を付記した。

さて、ポーランドとウクライナの民族運動と併記したが、第一次世界大戦まで広く国際社会で存在が認められていたのはポーランド問題のみである。一五世紀末から一六世紀を通じてバルト海貿易で潤い、広大な版図を誇ったポーランド・リトアニア国（第3章第1節参照）は、一八世紀末、ロシア、プロイセン、オーストリア▼による一七七二年、一七九三年、一七九五年の三度にわたる国土分割で姿を消した。しかし、第二次分割の強行に反発してタデウシ・コシチューシコ（一七六四〜一八一七）が立ち上がり、大規模な蜂起を指揮して以来、ポーランドは国際社会に国家の復活を訴えてきた。コシチューシコの蜂起は失敗して、一七九五年の第三次ポーランド分割にいたるものの、蜂起参加者の一部は革命フランスに逃れ、ナポレオン指揮下で戦う亡命ポーランド人部隊が編成される。「われら生きるかぎり、ポーランドいまだ滅びず。」このように始まる

▼神聖ローマ帝国皇帝フランツ二世は、一八〇四年、ナポレオンがフランス皇帝を名乗ると、それに対抗してハプスブルク家の所領を皇帝領として統合し、オーストリア皇帝フランツ一世を名乗った。正確には、これによってはじめてオーストリアを正式名称とする帝国が成立する。その後、一八六七年、アウスグライヒ（和協）と呼ばれる取り決めにより、フランツ・ヨーゼフ一世がオーストリア皇帝とハンガリー国王を兼ねるオーストリア＝ハンガリー二重帝国が成立した。オーストリア＝ハンガリーは、外交問題、軍隊の統帥権、共通の財政問題を除き、それぞれの議会と内閣が独立にそれぞれの国家の諸問題を審議し、決定した。

現在のポーランド国歌は、一七九七年、亡命ポーランド人部隊の軍歌として作詞された。

しかし、ポーランド復活の道のりは険しかった。一八〇七年、フランスとロシアおよびプロイセンとのあいだで交わされたティルジットの和約の結果、ワルシャワ公国が設立され、亡命ポーランド人部隊がワルシャワ公国軍隊に生まれ変わったのもつかの間、ナポレオンは失脚する。ナポレオンがかき乱したヨーロッパの秩序を復旧する一八一四／一五年のウィーン会議により、ポーランドの三分割体制もまた復活した。ロシア領ポーランドでは、一八三〇年一一月と一八六三年一月の二度、ロシアに対して大規模蜂起が試みられたが、いずれも失敗する。ポーランドの蜂起軍がつねに味方と仰いできたフランスは、一八七〇／七一年の普仏戦争でプロイセンに敗北し、ドイツでは、念願の統一が実現してドイツ帝国が成立、ロシアはロシアで、アレクサンドル二世による軍制改革で兵力を増強した。一八六三年一月蜂起敗北後、おもにフランスに逃れた亡命者は七〇〇〇人にのぼり、彼らのあいだでポーランド独立闘争への士気はなお盛んであったが、三分割領内では蜂起の可能性はほとんど消滅したかに見え、一九世紀末を迎えるころ、独立回復運動は閉塞状態に陥っていた。

ところが、バルカン支配をめぐってドイツ・オーストリア＝ハンガリーとロシアが決裂、ポーランドを支配する三帝国同盟が破綻したことにより、状況は劇的に変化する。一八七九年のドイツ・オーストリア＝ハンガリー同盟に対して、一八九四年にロシア・フランス同盟、一九〇四年にイギリス・フランス協商、一九〇七年にイギリス・ロシア協商が締結されたことにより、ヨーロッパの対立構図は、ドイツ・オーストリア＝ハンガリーの中欧同盟対イギリス・フランス・ロシアの三国協商の二極に移行したのだ。ドイツ・オーストリア＝ハンガリーとロシアの戦争は、ポーランド再興にとってこの上ない好機と考えられた。

親ロシア派と親オーストリア派

ポーランド問題の解決、すなわち三分割されたポーランドの再興はいかに行われるべきか。第一次世界大戦の前夜、これをめぐって戦略は三派にわかれる。

第一は、ロマン・ドモフスキ（一八六四〜一九三九）と彼が指導する国民民主党（略称エンデツィア、一八九七年結成）を代表とする親ロシア派である。彼らは、来るべき戦争においてロシアに協力することにより、さしあたりの目標として、ロシアのもとでの三分割領の統一と自治の実現を求めた。ドモフスキは、万一ロシアが敗北してポーランドがドイツの支配下に入った場合、ドイツ領ポーランドで強行されたドイツ化政策がポーランド全土におよび、政治的、経済的のみならず、文化的にもポーランド民族の破滅を招くという強い危機感を抱いていた。ドモフスキが心情的に親ロシアであったというより、強烈な反ドイツ意識こそ、当面、ドモフスキをドイツの敵としてのロシアに接近させたが、もう一点、一八六三年一月蜂起の失敗後、ロシア領ポーランドとロシア本国の経済的統合が飛躍的に進展したことも考慮に入れなければならない。繊維工業を中心とする産業革命で工業生産力が増大したポーランドの産業界は、ロシアがもつ広大な市場に深く依存していた。

第二は、ガリツィアのポーランド人を主体とする親オーストリア派である。第一のグループが反ドイツゆえの親ロシアであるのに対し、こちらは反ロシアゆえの親オーストリアといってもよい。親ロシア派が、ロシアのもとで三分割領を統一する全ポーランド的解決をめざしたのに対し、親オーストリア派は、オーストリア領ポーランドのガリツィアとロシア領ポーランドがひとつになり、ハンガリーと同等の地位をえて、オーストリア＝ハンガリー＝ポーランド三重王国を形成することを構想した。ドイツ領やロシア領と異なり、オーストリア領ポーランドでは一八六七年からポーランド人の大幅な自治が実現し、クラクフとルヴフに大学を擁して、ポーランド語による学術・文化活動も制限を受けることなく開花した。ポーランド人のなかには、オーストリア帝国議会に議席をもつだけでなく、オーストリア政府内部で重要な地位につく者もおり、ロシア領のポーランド人のあいだにも、寛容なオーストリアの支配下に入る方が望ましいと考える者は少なくなかった。

ポーランド独立派

第三は、ポーランドの対ロシア武装蜂起の伝統を受け継ぐ独立派である。しかし、ユゼフ・ピウスツキ*（図6）に率いられ、ストレートにポーランドの国家的再独立をめざそうとしたこのグループは、第一次世界大戦開戦後しばらく、対ロシア戦において、第二の親オーストリア派の軍事部門の役割を引き受けることになった。

その経緯を簡述すれば、一九〇五年一月のサンクト＝ペテルブルク血の日曜日事件*に始まるロシア革命は、ロシア領ポーランドにも波及する。ポーランド社会党やポーランド王国リトアニア社会民主党の呼びかけに呼応して労働者が大規模なストライキに突入し、その鎮圧に送り込まれた軍隊に激しく抵抗を試みた。しかし、一九〇六年もなかばになると革命は退潮に向かう。この成り行きを見てポーランド社会党は、同年末、以後の路線をめぐり「ポーランド社会党左派」と「ポーランド社会党革命派」に分裂した。後者に属し、ロシアに対する武装闘争路線の貫徹を唱えたのがピウスツキである。

ピウスツキは、ポーランド独立を勝ち取るため、まずはポーランド人の独立した軍隊を復活させなければならないという固い信念を抱いていた。ロシア領では信念の実現は困難であり、ポーランド社会党革命派は、一九〇八年、ガリツィアに活動拠点を移し、軍人養成のための秘密組織「積極闘争同盟 Związek Walki Czynnej」（略称ＺＷＣ）を立ち上げる。ピウスツキは、この同盟の指導

ユゼフ・ピウスツキ
一八六七～一九三五年。ポーランド建国の父と呼ばれる。リトアニアで中流シュラフタ（貴族）の家庭に生まれた。第一次世界大戦以前、一八八七年のロシア皇帝アレクサンドル三世の暗殺未遂事件に連座してシベリア流刑に処せられ、また一八九三年に加入したポーランド社会党の非合法活動により、逮捕、投獄された経歴をもつ。第一次世界大戦後、独立を回復したポーランドで、一九二二年一二月まで国家主席の地位を保持した。その後、いったん政治から退くが、戦間期ポーランドの議会制民主主義が十全に機能しないなか、一九二六年、クーデタによって政治の実権を握り、独裁的政治体制の構築を進めた。

血の日曜日事件
一九〇五年一月二二日、ロシア帝国の首都ペテルブルクで、政治的自由や八時間労働日、日露戦争の中止等を求める労働者のデモに対し、軍隊が発砲して多数の死者を出した事件。ロシア一九〇五年革命の発端となった。

的地位についた。同盟員の隠れ訓練場となったのは、クラクフの射撃手協会やルヴフの射撃手同盟など、オーストリア公認の市民団体である。オーストリアでは、法に従って規約を定めれば射撃練習を目的とする団体の設立が認められ、これも、ピウスツキらがガリツィアに拠点を移した理由のひとつだった。

一九〇八年といえば、オーストリア＝ハンガリーがボスニア・ヘルツェゴヴィナを併合してロシアとの関係が一挙に緊張し、ポーランドでは、対立する二国のうち、ロシアにつくか、オーストリア＝ハンガリーにつくか、議論が活発化し始めた時期にあたる。一九一二年一〇月に第一次バルカン戦争が勃発し、ヨーロッパ諸国を巻き込む戦争も間近と思われた同年一一月一〇日、ポーランド社会党をはじめとして独立を志向するオーストリアのポーランド人諸党派は、ウィーンに結集して、ポーランド人のための疑似政府機能を担うべき「独立派諸党連盟暫定委員会 Komisja Tymczasowa Skonfederowanych Stronnictw Niepodległościowych」（略称ＫＴＳＳＮ）を設立する。委員会は、積極闘争同盟傘下の射撃手集団を率いるピウスツキをその疑似政府の秘密軍事部門の最高司令官に任命した。ＫＴＳＳＮは一九一三年一一月三〇日より「独立派諸党連盟委員会 Komisja Skonfederowanych Stronnictw Niepodległościowych」（略称ＫＳＳＮ）となる。

図６　ピウスツキ
（Agnieszka Knyt, *The Year 1920. The War between Poland and Bolshevik Russia*, translated from Polish by Barbara Herchenreder, Warsaw 2005, p. 13.）

ポーランド軍団

しかし、いざ一九一四年八月に第一次世界大戦の火蓋が切られると、ピウスツキは単独行動に走った。ピウスツキは、ドイツとロシアのあいだで戦端が開かれた場合、ロシア軍はいち早くヴィスワ川東岸まで撤退すると予測していた。ドイツ軍がロシア領ポーランドに侵入するまで、権力の空白期間をついてポーランド民衆を武装蜂起に導き、蜂起軍ともどもワルシャワまで攻め上って高らかにポーランド独立を宣言する——これがピウスツキの作戦だった。

ピウスツキの予測あるいは期待は、半分は的中し、半分ははずれる。実際、ロシア軍はヴィスワ川東岸まで撤退し、八月一二日、ピウスツキは少人数の部隊を率いてクラクフから北へ、キェルツェをめざしてオーストリア領からロシア領へと国境を越えた。しかし、次節で述べるように、そこでピウスツキらが見出したのは、蜂起の呼びかけに何の反応も示さない民衆だったのだ。

蜂起画策に失敗し、すごすごオーストリア領に舞い戻るしかなかったピウスツキにポストを提供したのは、独立派諸党連盟委員会に代わり、八月一六日にクラクフで設立された親オーストリア派の「最高国民委員会 Naczelny Komitet Narodowy」（略称ＮＫＮ）である。同委員会の交渉により、八月二七日、オーストリア政府はオーストリア＝ハンガリー軍のもとで戦うポーランド軍団の創設を了解し、ピウスツキはその西軍団の司令官におさまった。ポーランド軍団の総兵力は、一九一四年の開戦時に一万人以上、一九一五年末に二万人以上に

新刊

脱領域の読書

——あるロシア研究者の知的遍歴

塩川伸明著

知的遍歴をたどる読書録

長年ソ連・ロシア研究に携わってきた著者が自らの学問的基盤を振り返り、その知的遍歴をたどる読書録。

学問論／歴史学と政治学／文学と政治／ジェンダーとケア／歴史の中の個人

購入はこちら

四六判並製310頁　定価3520円

未来への負債

——世代間倫理の哲学

キルステン・マイヤー 著

御子柴善之監訳

世代間倫理の基礎を考える

なぜ未来への責任が発生するのか、それは何によって正当化され、一体どこまで負うべきものなのか。世代間にわたる倫理の問題を哲学的に考え抜いた、今後の議論の基礎となる一冊。

購入はこちら

四六判上製248頁　定価4180円

魂の文化史

——19世紀末から現代におけるヨーロッパと北米の言説

コク・フォン・シュトゥックラート著

熊谷哲哉訳

知の言説と「魂」のゆくえ

古典ロマン主義からオカルティズム、ハリー・ポッターまで——ヨーロッパとアメリカを往還する「魂」の軌跡を精緻に辿る、壮大で唯一無二の系譜学。

購入はこちら

四六判上製444頁　定価6600円

新　刊

映画研究ユーザーズガイド
――21世紀の「映画」とは何か

北野圭介著

映画研究の最前線

視覚文化のドラスティックなうねりのなか、世界で、日本で、めまぐるしく進展する研究の最新成果をとらえ、使えるツールとしての提示を試みる。

購入はこちら

四六判並製230頁　定価2640円

カントと二一世紀の平和論

日本カント協会 編

平和論としてのカント哲学

カント生誕から三百年、二一世紀の世界を見据え、カントの永遠平和論を論じつつ平和を考える。カント哲学全体を平和論として読み解く可能性をも切り拓く意欲的論文集。

購入はこちら

四六判上製276頁　定価4180円

戦争映画の誕生
――帝国日本の映像文化史

大月功雄著

映画はいかにして戦争のリアルに迫るのか

柴田常吉、村田実、岩崎昶、板垣鷹穂、亀井文夫、円谷英二、今村太平など映画監督と批評家を中心に、文学や写真とも異なる映画という新技術をもって、彼らがいかにして戦争を表現しようとしたのか、詳細な資料調査をもとに丹念に描き出した力作。

購入はこちら

A5判上製280頁　定価7150円

新刊

マルクス哲学入門
——動乱の時代の批判的社会哲学

ミヒャエル・クヴァンテ著
桐原隆弘／後藤弘志／硲智樹訳

重鎮による本格的入門書

マルクスの思想を「善き生」への一貫した哲学的倫理構想として読む。複雑なマルクス主義論争をくぐり抜け、社会への批判性と革命性を保持しつつマルクスの著作の深部に到達する画期的読解。

購入はこちら

四六判並製240頁　定価3080円

顔を失った兵士たち
——第一次世界大戦中のある形成外科医の闘い

リンジー・フィッツハリス著
西川美樹訳　北村陽子解説

戦闘で顔が壊れた兵士たち

手足を失った兵士は英雄となったが、顔を失った兵士は、醜い外見に寛容でなかった社会にとって怪物となった。塹壕の殺戮からの長くつらい回復過程と形成外科の創生期に奮闘した医師の実話。

購入はこちら

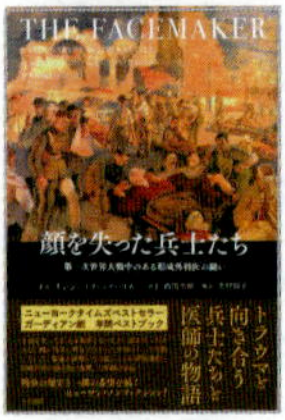

四六判並製324頁　定価4180円

お土産の文化人類学
——地域性と真正性をめぐって

鈴木美香子著

身近な謎に丹念な調査で挑む

「東京ばな奈」は、なぜ東京土産の定番になれたのか？　そして、なぜ菓子土産は日本中にあふれかえるようになったのか？　調査点数1073点、身近な謎に丹念な調査で挑む画期的研究。

購入はこちら

四六判並製200頁　定価2640円

人文書院
刊行案内

2025.10

渋紙色

食権力の現代史
——ナチス「飢餓計画」とその水脈

藤原辰史著

なぜ、権力は飢えさせるのか？

史上最大の殺人計画「飢餓計画（フンガープラン）」ソ連の住民3000万人の餓死を目標としたこのナチスの計画は、どこから来てどこへ向かったのか。飢餓を終えられない現代社会の根源を探る画期的歴史論考。

購入はこちら

藤原辰史
食権力の現代史
ナチス「飢餓計画」とその水脈
なぜ、権力は飢えさせるのか？
飢餓という暴力の歴史をたどる

四六判並製322頁　定価2970円

リプロダクティブ・ジャスティス
——交差性から読み解く性と生殖・再生産の歴史

ロレッタ・ロス／リッキー・ソリンジャー著
申琪榮／高橋麻美 監訳

不正義が交差する現代社会にあらがう

生殖と家族形成を取り巻く構造的抑圧から生まれたこの社会運動は、いかにして不平等を可視化し是正することができるのか。待望の解説書。

購入はこちら

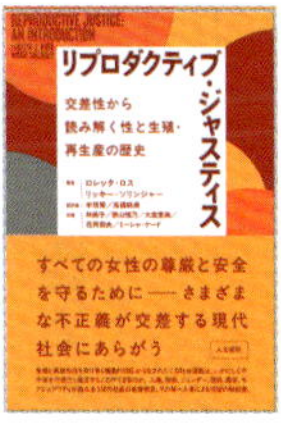
REPRODUCTIVE JUSTICE: AN INTRODUCTION
リプロダクティブ・ジャスティス
交差性から読み解く性と生殖・再生産の歴史
すべての女性の尊厳と安全を守るために——さまざまな不正義が交差する現代社会にあらがう

四六判並製324頁　定価3960円

人文書院ホームページで直接ご注文が可能です。スマートフォンで各QRコードを読み込んでください。注文方法は右記QRコードでご確認ください。**決済可能方法：クレジットカード／PayPay／楽天ペイ／代金引換**

〒612-8447 京都市伏見区竹田西内畑町9　TEL 075-603-1344
http://www.jimbunshoin.co.jp/　【X】@jimbunshoin（価格は10％税込）

新刊

脱領域の読書
——あるロシア研究者の知的遍歴

塩川伸明著

知的遍歴をたどる読書録

長年ソ連・ロシア研究に携わってきた著者が自らの学問的基盤を振り返り、その知的遍歴をたどる読書録。

学問論／歴史学と政治学／文学と政治／ジェンダーとケア／歴史の中の個人

四六判並製310頁　定価3520円

購入はこちら

未来への負債
——世代間倫理の哲学

キルステン・マイヤー 著
御子柴善之監訳

世代間倫理の基礎を考える

なぜ未来への責任が発生するのか、それは何によって正当化され、一体どこまで負うべきものなのか。世代間にわたる倫理の問題を哲学的に考え抜いた、今後の議論の基礎となる一冊。

四六判上製248頁　定価4180円

購入はこちら

魂の文化史
——19世紀末から現代におけるヨーロッパと北米の言説

コク・フォン・シュトゥックラート著
熊谷哲哉訳

知の言説と「魂」のゆくえ

古典ロマン主義からオカルティズム、ハリー・ポッターまで——ヨーロッパとアメリカを往還する「魂」の軌跡を精緻に辿る、壮大で唯一無二の系譜学。

四六判上製444頁　定価6600円

購入はこちら

新刊

映画研究ユーザーズガイド
――21世紀の「映画」とは何か

北野圭介著

映画研究の最前線

視覚文化のドラスティックなうねりのなか、世界で、日本で、めまぐるしく進展する研究の最新成果をとらえ、使えるツールとしての提示を試みる。

購入はこちら

四六判並製230頁　定価2640円

カントと二一世紀の平和論

日本カント協会 編

平和論としてのカント哲学

カント生誕から三百年、二一世紀の世界を見据え、カントの永遠平和論を論じつつ平和を考える。カント哲学全体を平和論として読み解く可能性をも切り拓く意欲的論文集。

購入はこちら

四六判上製276頁　定価4180円

戦争映画の誕生
――帝国日本の映像文化史

大月功雄著

映画はいかにして戦争のリアルに迫るのか

柴田常吉、村田実、岩崎昶、板垣鷹穂、亀井文夫、円谷英二、今村太平など映画監督と批評家を中心に、文学や写真とも異なる映画という新技術をもって、彼らがいかにして戦争を表現しようとしたのか、詳細な資料調査をもとに丹念に描き出した力作。

購入はこちら

A5判上製280頁　定価7150円

新　刊

マルクス哲学入門
——動乱の時代の批判的社会哲学

ミヒャエル・クヴァンテ著
桐原隆弘／後藤弘志／硲智樹訳

重鎮による本格的入門書

マルクスの思想を「善き生」への一貫した哲学的倫理構想として読む。複雑なマルクス主義論争をくぐり抜け、社会への批判性と革命性を保持しつつマルクスの著作の深部に到達する画期的読解。

購入はこちら

四六判並製240頁　定価3080円

顔を失った兵士たち
——第一次世界大戦中のある形成外科医の闘い

リンジー・フィッツハリス著
西川美樹訳　北村陽子解説

戦闘で顔が壊れた兵士たち

手足を失った兵士は英雄となったが、顔を失った兵士は、醜い外見に寛容でなかった社会にとって怪物となった。塹壕の殺戮からの長くつらい回復過程と形成外科の創生期に奮闘した医師の実話。

購入はこちら

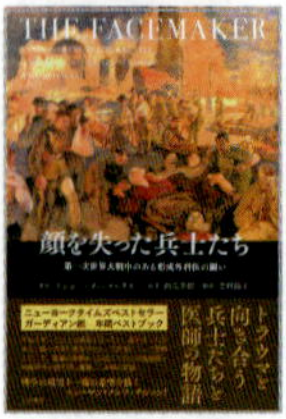

四六判並製324頁　定価4180円

お土産の文化人類学
——地域性と真正性をめぐって

鈴木美香子著

身近な謎に丹念な調査で挑む

「東京ばな奈」は、なぜ東京土産の定番になれたのか？　そして、なぜ菓子土産は日本中にあふれかえるようになったのか？　調査点数1073点、身近な謎に丹念な調査で挑む画期的研究。

購入はこちら

四六判並製200頁　定価2640円

達する。ピウスツキの単独行動はすべて、敵国ロシアに対するポーランド民衆の蜂起を期待したオーストリア＝ハンガリー軍の黙認のもとで行われたが、オーストリア政府は、ピウスツキらがオーストリア＝ハンガリー軍の統制を離れ、独立のポーランド軍を創設することは認めなかった。

一九一四年八月一四日、ロシア軍総司令官ニコライ・ニコラエヴィチ大公（一八五六〜一九二九）がポーランドに自治を約束する宣言を発すると（第２章第1節参照）、ポーランドの親ロシア派グループは勢いづき、ニコライ大公の宣言に応えて、彼らがロシアとその同盟諸国の側に立つことを宣言する。ところが、それもつかの間、一九一五年九月、ロシア領ポーランド全域がドイツ・オーストリア＝ハンガリーの中欧同盟軍に占領されると、親ロシア派は活動の目標を見失う。一一月、ドモフスキは西ヨーロッパへ向かって旅立った。

ポーランドからロシア軍を追い出すことに成功し、ワルシャワに総督府をおいたドイツは、しかし、自国の食料不足や労働力不足を補うため、ポーランド人から農産物を奪い、ほとんど強制的に労働者を徴募してドイツに連行するなど、ポーランドの人心をつかむことに失敗した。上述したように、はじめポーランド軍団を率い、対ロシア戦においてオーストリア＝ハンガリー軍に協力しながらも、ピウスツキが見据えていたのはその先である。オーストリア＝ハンガリー軍への協力は中欧同盟軍がロシアを倒すまでであり、ピウスツキが描くシナリオによれば、次は、イギリスとフランスがドイツとオーストリア＝ハンガリーを倒す番がくるはずだった。一九一四年八月の蜂起画策作戦失敗と異なり、彼のシナリオが実現したことは、もはや説明を要しないだろう。

一九一八年一一月一一日、ワルシャワのドイツ軍は武装解除され、ピウスツキがポーランド軍の最高司令官となり、一四日にはポーランドの政治的全権を掌握した。一一月一一日は、ポーランドの独立記念日となった。

2　ウクライナ問題

ウクライナ民族の存在証明

一八四八年二月、パリで始まった革命は、三月、ベルリン、ウィーンに飛び火した。政治体制において自由主義と憲法制定を求める運動は、多民族国家オーストリアでは、諸民族の民族的権利や自治を求める運動を誘発し、一八四八年は「諸民族の春」といわれる。

一八四八年四月、ガリツィアのギリシア・カトリック聖職者のグループもまたルテニア人の権利のために立ち上がり、オーストリア皇帝に請願書を提出した。ルテニア人とは、第一次世界大戦までオーストリアで、後にウクライナ人と呼ばれる人々に対して用いられた呼称だが、以下では煩雑さを避けるため、同時代文献からの引用を除き、ウクライナ人で統一したい。

彼らによれば、ウクライナ人は、キエフ・ルーシの時代にガーリチ公国[▼1]で栄

▼1　キエフ・ルーシの封建的分裂が進行するなかで、ガーリチ公国とヴォルイニ公国が成立するが、一一九九年、ヴォルイニ公ローマンがガーリチ公国を併合して、ガーリチ・ヴォルイニ公国が誕生した。ルヴフは、ローマンの息子ダニイル・ロマノヴィチにより一二五〇年ごろ建設された。一二六四年にダニイルが死ぬと、息子のレフは公国の首都をルヴフに移し、城を建設する。中世ロシア語の年代記にあらわれる街の名リヴォフは、レフに因む。

えたが、一四世紀なかばにカジミェシュ大王（在位一三三三～七〇）によってポーランド王国に編入された。以後のウクライナ人は、ポーランド人に隷属させられ、搾取されたが、その民族性を失いはしなかった。請願書において、彼らはいう。われわれは「一五〇〇万人の大ルテニア民族に属し、その二五〇万人がガリツィアに住んでいる。われわれは、みな同じ言語を話している」。彼らは、東ガリツィアの教育と行政にウクライナ語を導入するよう要求した。

さらに、革命中、ウクライナ人によって設立された最高評議会は、一〇月に請願書を起草して、ガリツィアをポーランド人の西ガリツィアとウクライナ人の東ガリツィアに分割することを求める。請願書はウクライナ人農民の支持をえて二〇万以上の署名を集め、そのさい字の書けない農民は、十字架の記号を記すことで署名にかえた。

しかし、一八四八年革命において、ポーランド人の民族解放闘争がカール・マルクスやフリードリヒ・エンゲルスら革命的知識人の支持をえたのに対し、[▼2]ウクライナ人の闘争に対するエンゲルスの対応は冷淡だった。エンゲルスによれば、ウクライナ人は昔からポーランド人に属しており、両者の違いは若干の方言と正教信仰だけだ。それが、オーストリアの宰相メッテルニヒによって、ポーランド人はおまえたちウクライナ人の抑圧者だと吹き込まれ、オーストリア支配に反抗するガリツィアのポーランド人の押さえ込みに利用されているだけだ、というのである。

▼2　マルクス、エンゲルスらの認識によれば、プロイセン、オーストリア、ロシアの神聖同盟に基礎をおくヨーロッパの反動体制の解体は、民主的ポーランドの独立にかかっていた。

エンゲルスは東ガリツィアのウクライナ人の民族自決権を否認し、彼らの権利要求は反革命に利用されるだけだと非難した。はたして、実際、民族自決権の対象になるようなウクライナ民族は存在するのか。ウクライナ語は、エンゲルスがいうように、ポーランド語あるいはロシア語の一方言にすぎず、独立した民族言語とはいえないのか。

ウクライナの貴族や知識人がウクライナ民族を「発見」するのは、ようやく一九世紀はじめであり、そのころウクライナ語は、文盲の農民の話し言葉でしかなかった。その農民言葉のままで書かれた最初の珍本が、一七九八年に刊行されたイヴァン・コトリャレフスキ（一七六九～一八三八）の叙事詩『エネイーダ』である（図7）。『エネイーダ』は、古代ローマの詩人ヴェルギリウスの叙事詩『アエネーイス』のパロディだ。『アエネーイス』は、トロイ戦争で敗北したトロイの武将アエネーイスが、諸国を遍歴し、ついにローマで、トロイをローマ帝国として再建するという筋書きだが、『エネイーダ』では、トロイがエカチェリーナ二世（在位一七六二～九六）に廃絶されたコサック*の自治的国家に置き換えられ、武将

図7　エネーイとコサック軍団
1920年に出版された『エネイーダ』の挿し絵。ゲオルギイ・ナルブート画。

アエネーイス（ウクライナ語ではエネーイ）と彼のコサック軍団が異国を放浪のはて、ついに失われたコサック国家を再建するという筋書きになっている。しかし、コサック国家の再建といっても、『エネイーダ』にウクライナ民族主義のメッセージを読み込むのは誤りであろう。むしろ、話し言葉ではあるが書き言葉ではない言語によって書かれたという実験性が、ウクライナの知識人をおもしろがらせた。言語学者オレクシイ・パヴロフスキイ（一七七三～？）によって最初の文法書『小ロシア方言文法』が刊行されるのは一八一八年である。題名の小ロシアとは、ウクライナをさす地域名である。

『エネイーダ』より、ウクライナの知識人の民族意識覚醒に無視できない影響を与えたのが、作者不詳の奇書『イストーリア・ルーソフ［ルーシ人の歴史］』である。原本は一八一五年から一八年のあいだにまとめられ、一八四六年の刊行以前にかなりの部数の写本が出回り、プーシキンやゴーゴリ、いや誰よりもウクライナの民族詩人タラス・シェフチェンコ*に読まれたことが確認されている。同書は「イストーリア［歴史］」と題するが、歴史的事実を記した歴史書というより、ウクライナ・コサックの英雄が次々に登場する歴史物語である。古代国家キエフ・ルーシ滅亡後、ウクライナに独立国家は成立しなかったものの、一六四八年のボグダン・フメリニツキイ（一五九五？～一六五七）の反乱後（第3章第1節参照）、一七六四年にエカチェリーナ二世によって廃絶されるまで、ウクライナ中央部にはウクライナ・コサックの首領ヘトマンに率いら

コサック　一五世紀後半からロシア南部およびカフカスにかけて形成され、帝政の直接支配から相対的独立を保ちつつ存続した特殊な社会集団。ロシア語ではカザーク。起源については不明な点が多いが、農奴制下で自由を求めて逃亡した農民や都市民、犯罪者や没落貴族なども加わり、勇猛果敢な戦士として名をはせた。一八世紀にはいるとロシア政府によって徐々に自治を抑制され、コサック軍団はロシアの軍事組織に組み込まれていった。

タラス・シェフチェンコ　一八一四～六一年。ウクライナの詩人、画家。農奴の子として生まれたが、詩才と画才を認められ、一八三八年、画家や詩人の支援で地主から自由の身分を買い取った。『シェフチェンコ詩選』（藤井悦子訳、大学書林、一九九三年）が刊行されている。

れた自治的国家が存続した。『エネイーダ』が題材とするコサック国家がこれである。『イストーリア・ルーソフ』をひもといた人々は、ポーランドの支配からも、モスクワの支配からも独立した自由の戦士コサックにウクライナの過去の栄光を見出し、魅了された。シェフチェンコもまた、その歴史的作品のすべてにおいて『イストーリア・ルーソフ』から詩的インスピレーションをくみ出した者たちの一人だった。

ところが、『イストーリア・ルーソフ』が描く栄光の過去から現在のキエフに目を転じれば、政治的にはロシアのツァーリの支配下、文化的には一八五〇年代になってもなおポーランドの支配下で、キエフ大学の学生約一〇〇〇人の半数以上がポーランド人だった。知識人によって徐々に開始されたウクライナ語による文化推進運動や、ウクライナ民俗文化の収集、民衆に対する教育活動も、ウクライナ分離主義の発生をかぎつけたツァーリの政府によって弾圧され、一八七六年のエムス法▼は、ロシア帝国におけるいっさいのウクライナ語出版物の刊行を禁じた。エムス法は、撤廃されることなく一九一七年革命まで続く。こうしてロシアでの活動を封じられたウクライナ語作家たちの亡命先となり、一九世紀末、ウクライナ民族運動の文化的また政治的中心地となったのが、オーストリア領東ガリツィアである。先に述べたように、第一次世界大戦前夜、国際社会で存在が認められたのはポーランド問題だけだったが、ウクライナ人にとっては、確実に解決されるべきウクライナ問題が存在していた。

▼アレクサンドル二世（在位一八五五～八一）がドイツのエムスでこの法に署名したため、エムス法と通称される。

第一次世界大戦とウクライナ問題——ルソフィーレとウクライナ民族派

では、ウクライナ人は何をめざしていたのだろうか。

東ガリツィアのウクライナ知識人の立場は、親ロシア派（以下、ポーランド人の親ロシア派と区別し、同時代の呼称「ルソフィーレ」を用いる）とウクライナ民族派（ルソフィーレに対してウクライノフィーレと呼ばれた）の二派にわかれ、時期的には前者の活動が先行する。

ガリツィア（図8）はサン川を境に東西にわかれ、西はポーランド人居住地であったのに対し、ガリツィアのウクライナ人の九七パーセントが居住する東ガリツィアでは、一九一〇年当時でウクライナ人口が六二パーセントの多数を占めていた。さらに残りの三八パーセントのうち、ユダヤ人口が一二パーセント以上を占める。しかし、一八四八年のガリツィアで、ウクライナ人がはじめて掲げた請願は実を結ばず、東ガリツィアはウクライナ人の土地とは認められなかった。それどころか、一八六七年にオーストリアがオーストリア＝ハンガリー二重帝国として再編された後、ガリツィア全土でポーランド人の自治が実現する。ガリツィアの公用語はドイツ語からポーランド語にかわり、東ガリツィアのウクライナ人の存在はないがしろにされた。

一八六〇年代から八〇年代まで、ウクライナ人の貴族と正教ならびにギリシア・カトリックの聖職者のあいだで一定の影響力を保ったルソフィーレは、ガリツィアにおけるポーランド人の政治的、文化的優位に対する反発と、それを

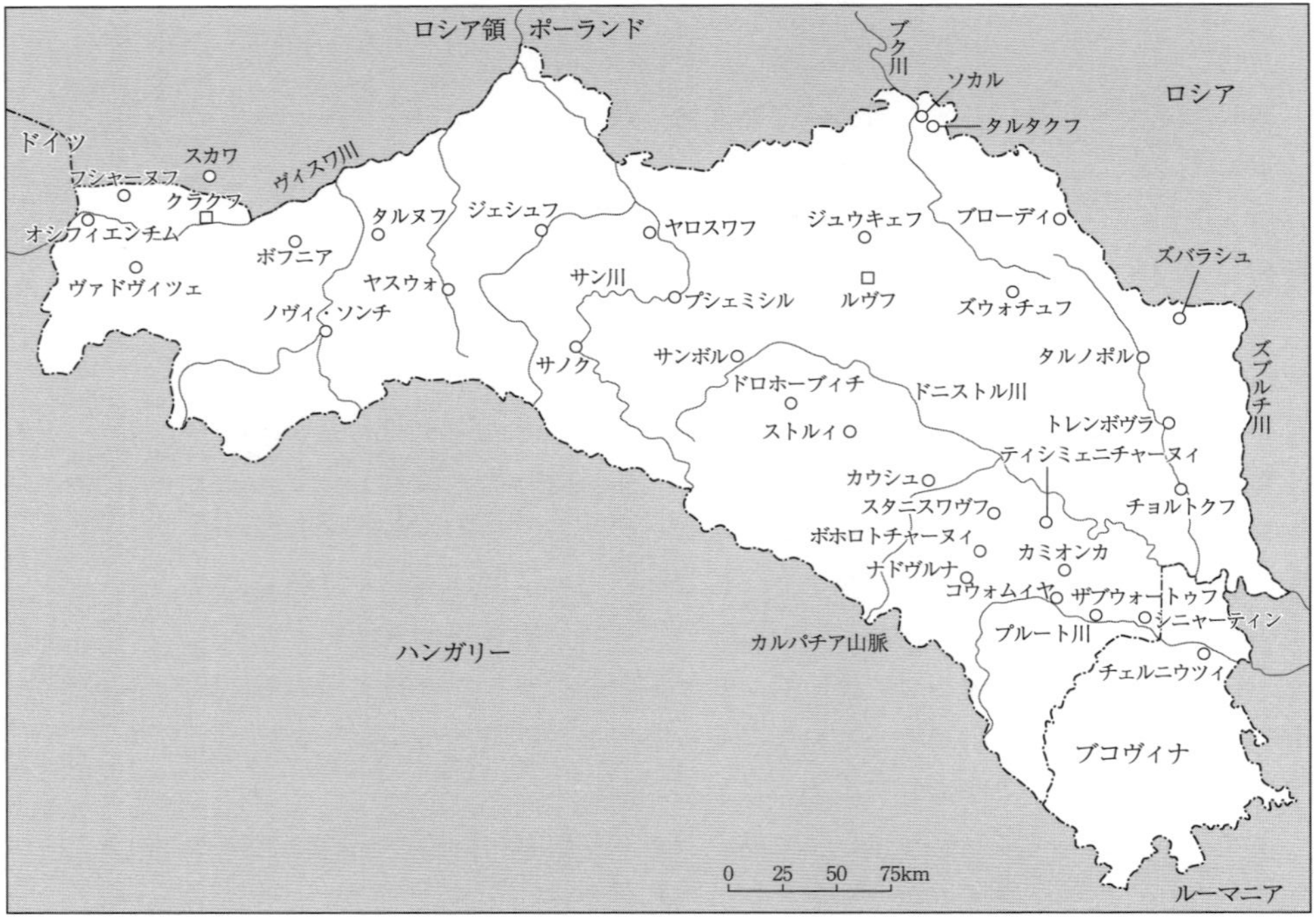

図8　1914年のガリツィア

制度化したオーストリア政府に対する幻滅をベースとする。彼らは、ともに東方典礼に従うウクライナ人とロシア人の言語的、文化的、宗教的共通性を説き、ウクライナ人がポーランド人支配から解放されるためには、東ガリツィアのロシア帝国への統合が必要だと唱えた。ポーランドの親ロシア派がロシアとの統合に経済的利益を見出したのと同様、同時期のガリツィアのルソフィーレにとって、農民解放を実現し、工業化・資本主義化を推進するロシアの経済力は、統合を魅力的なものに感じさせた。

これに対して、ロシアからの亡命ウクライナ知識人を受け入れつつ、一九世紀末から勢いを増したのがウクライナ民族派である。彼らの将来的目標は、ロシア帝国のウクライナ人居住地域と、オーストリア帝国の東ガリツィアならびにブコヴィナとを合体し、統一ウクライナを実現することだった。彼らは、同じモスクワの支配下にあるロシア領ポーランドの人々が武装蜂起し、ポーランド国家の独立を要求する権利を支持するが、現在のウクライナ人居住地域に対するポーランドの歴史的要求は拒否する。彼らにとって、はるかキエフ近郊まで支配下におさめた中世の大ポーランド・リトアニア国の再興は、ありえないことだった。

第一次世界大戦前夜、ウクライナ民族派は、ポーランド人の民族運動活動家と同じく、ドイツ・オーストリア＝ハンガリーとロシアの戦争を現状変革のための好機到来と見る。亡命ウクライナ人によって組織された「ウクライナ解放

連盟 Союз визволення України」は、一九一四年八月、本部をガリツィアのルヴフからウィーンに移し、第一次世界大戦の全期間を通じて、オーストリアおよびドイツでヨーロッパ各国語による定期刊行物や書籍を発行した。そこで彼らは、ポーランド問題と同様、ウクライナ問題、すなわちウクライナ人の民族自決問題が存在することを国際社会に訴えた。

ウクライナ軍団

亡命ウクライナ人の動きとは別に、八月一日のルヴフでは、オーストリアのウクライナ国民民主党をはじめとして、ウクライナ人居住地域の政治的独立を志向するガリツィアのウクライナ人諸党派が集合し、ガリツィア選出の帝国議会議員コスチ・レヴィツキイ（一八五九～一九四一）を長とする「ウクライナ最高評議会 Головна Українська Рада」が結成される。評議会は、次のように宣言した。

ロシアの勝利は、オーストリア＝ハンガリー君主国のウクライナ民族に、ロシア帝国の三〇〇〇万ウクライナ民族が繋がれた同じ頸木《くびき》をもたらすだろう。それゆえ、われらが道は明らかだ。すでに、先のオーストリア・ロシア関係の緊張にさいして、ガリツィアのウクライナ人全党派の指導者からなる会議は、一九一二年一二月七日のルヴフにおいて、オーストリア＝ハンガリーとロシアのあいだで武力衝突が起こった場合、ウクライナ人はすべて、ウクライナ民族の幸福と未来に鑑み、一致団結して、断固、このウクライナ最大の敵たるロシア帝国と戦うオーストリア＝ハンガリーの側に立つことを宣言した。オーストリア＝ハンガリーの勝利は、われらの勝利であるだろう。（*Reichspost*, Morgenausgabe, 17. August 1914, S. 8. 傍点は原文で隔字体で強調されているところ。以下、同様。）

ポーランド軍団と同様、この最高評議会のイニシアティブで創設されたのが、オーストリア＝ハンガリー軍の統率下でロシアと戦うウクライナ軍団である。最高評議会は、オーストリア＝ハンガリー軍に徴兵されていないウクライナ人男性の軍団への参集と、軍団創設のための寄付を呼びかけた（図9）。

いまやわれらの未来は、われらのエネルギーと力にかかっている。それゆえ、われらは、君たち［ウクライナの］民に呼びかける。武器をとれ！　武器を手に、われらの宿敵ツァーリズムと渡り合うのだ。武器によってわれらは、われらの権利、われらの名誉、われらの未来を保証するのだ。偉大なる民族にふさわしく、偉大なるときに向かって行こうではないか。われらは願ってやまない。われらの呼びかけが全土にこだまし、万人の心をとらえ、数千の者たちが「ウクライナ・シーチ

図9　ウクライナ・シーチ射撃隊の守護天使である大天使ミカエル
天使が左手にもつ青地に黄金の獅子が描かれた楯は、一三世紀のガーリチ・ヴォルイニ公国の紋章に遡り、ウクライナの自由を表す。

射撃隊」の隊列にはせ参じることを。(*Reichspost*, Morgenausgabe, 17. August 1914, S. 8.)

この呼びかけにあるように、ウクライナ軍団は、コサックの伝統にさかのぼり、ウクライナ・シーチ射撃隊と名づけられた。シーチは、ザポロージェ▼・コサックの本拠地で、シーチ射撃隊は、かつてのザポロージェ・コサックの軍事組織の名称である(図10、図11)。

▼ドニエプル下流域をさす。

ウクライナ軍団創設は、対ロシア戦においてウクライナ民族派の協力を重要視するオーストリアの思惑と一致するものでもあった。オーストリア外務省は八月二日、外交官エマヌエル・ウルバスをルヴフに派遣し、レヴィツキイと接触させたが、ウクライナ軍団がオーストリア＝ハンガリー軍の統率下に入るにあたってレヴィツキイが出した条件は、軍団の指揮官はウクライナ人とすること、いかなる場合にもポーランド人の指揮官は認められないことである。八月六日付けでウルバスは本省宛てに書簡を送り、八月一〇日から一四日のうちに軍団の創設が可能であること、その規模は三〇〇〇人から一万五〇〇〇人と見込まれる、と書く。しかし、一九一四年九月一日までに訓練を完了した志願兵は約二〇〇〇人にとどまった。ポーランド軍団と比較すれば、存在感の薄さは如何ともしがたかった。

ウクライナ人の最高評議会は、一九一五年五月一五日にメンバーを拡大し、

図10　ウクライナ・シーチ射撃隊。1915年ごろウィーンで作成された絵はがき。

図11　ウクライナ・シーチ射撃隊。撮影年、撮影場所不明。

「全ウクライナ評議会 Загальна Українська Рада」と改称する。最高評議会は、ロシア支配下のウクライナ人居住地域については独立を、オーストリア＝ハンガリー二重帝国内のウクライナ人については自治権の獲得をめざした。

第2章　民衆の困惑

オスカー・ラスケ画「判決を下された者たち」制作年不明。ラスケ（1874-1951）は、ブコヴィナのチェルノヴィッツ（ドイツ語称）で生まれ、ウィーンで建築家、画家として活動した。第一次世界大戦ではガリツィア戦線、イタリア戦線に従軍し、数多くの戦争絵画を描いた。（Rother（Hg.）, *Der Weltkrieg 1914-1918*, S. 27.）

1　ポーランド人民衆の沈黙

いまだ潜在的なポーランド人

第1章で述べたことは、ほとんどすべてのポーランド国史あるいはウクライナ国史の教科書に記されている事柄である。それらを読むと、現在の国境が、あたかもそれが引かれる以前からそこにあり、それに囲まれた人々が、すでにポーランド人やウクライナ人の国民的まとまりをもって生活していたかのような錯覚を抱く。しかし、ピウスツキやウクライナ民族派の活動家がめざした国民国家は、当時の民衆にどれほど理解されていたのだろうか。

一七九三年のコシチューシコの蜂起以来、ポーランドで蜂起を指導したのはシュラフタと呼ばれる貴族であり、とりわけコシチューシコもそうであったように、中小階層の貴族である。しかし、コシチューシコは軍服として農民の平服を着用したことで知られ、一七九四年四月四日のラツワヴィツェの戦いでは、大鎌で武装した二〇〇〇人の農民兵がロシアの正規軍を破り、大金星をあげた。農民の参加なくして蜂起の成功はありえない。農民を味方につけようと思えば、彼らに人格的自由を保障し、追放の禁止や賦役の軽減等を約束せざるをえないが、農奴制に依存した領地経営を行うシュラフタの利益と農民の解放は、本来、相反する。一八六三年一月蜂起も、シュラフタは、対外的には期待した西側列強の支援をえられず、対内的にも農民の参加をえられないまま敗北した。蜂起の指導者は、農民に蜂起参加を促すため、小作地に対する彼らの所有権を認め、土地をもたない農民には、蜂起参加の見返りにかなりの土地を与えることを約束するが、約束を実施に移すことができずにいるうち、彼らを出し抜いたのはロシアのツァーリである。一八六一年のロシアの農民解放よりさらに有利な条件でポーランドの土地改革を断行した。

一八六三年一月蜂起鎮圧後、農民解放やロシアの抑圧政策により、多くのシュラフタが経済的に没落する。シュラフタを担い手とする武装蜂起路線と決別したポーランドの知識人は、一八八〇年代末からポーランド民族意識の主体となるべき農民の教育に取り組み、文盲撲滅に乗り出した。それでもまだ農民たちは、いまだ潜在的なポーランド人なのであり、国民意識の啓蒙を通じて独立運動の主体へと成長するのでなければならない。これが、一八九五年当時のドモフスキの現状認識だった。

親ロシア派か、親オーストリア派か。あるいは一気に独立か。いずれの路線の支持者であれ、政治家や知識人が戦争をポーランドの現状打破にとっての好機と熱狂したのに対し、名もなき民衆にとっての戦争はひたすら災いだった。前章で述べたように、第一次世界大戦勃発後、単独で民衆武装蜂起路線の決行に踏み切ったピウスツキは、一九一四年八月一二日、キェルツェをめざしてクラクフを出発し、翌日、ガリツィアとロシア領ポーランドの国境を越え、スカワにたどり着く。ところが、町でピウスツキらを迎えたのは、独立をめざして蜂起に立ち上がる熱き民衆であるより、ロシア軍を「わが軍」、ピウスツキらを「外国軍」と見なす人々の敵意に満ちた沈黙だった（図12、図13）。

このときピウスツキと行動をともにしたロマン・スタジンスキ（一八九〇～一九三八）は、一九三七年に『戦争の四年間』という回想録を刊行している。回

図12　1914年、キェルツェを行進するピウスツキの部隊

図13　1914年、キェルツェで集合したピウスツキの部隊。写真中央がピウスツキ。

想録といっても、出来事と記述が同時進行する緊迫感のある現在形で執筆されており、そのように訳出してみよう。

もう真夜中だ。にもかかわらず広場には物見高い人々が集まり、「外国軍」の進軍を見つめている。「わが軍」は、すでに引き揚げた。この「外国軍」を歓迎する者はおらず、声をかける者すらいない。物見高い人々は、黙りこくって見ているだけだ。水一杯もってくる者もいなければ、パン一切れ差し出す者もいない。ここはもうクラクフ大公国*でもなければ、ポーランドのガリツィアでもない。ここは、ポーランド語をしゃべりはするが、ロシア語でものを感じる部族が住むロシアなのだ！

朝から飲まず食わずで、十数時間の行軍はわれわれを疲れ果てさせたが、しかし、それも、スカワの住民の敵対的沈黙がわれらに引き起こした感情に比べれば、何ものでもない。一九一四年八月一三日、彼らは教区司祭を先頭に、誰にも好かれぬ狂人どもをひたすら無関心な目で観察するため、広場に集まったのだ！

このとき私は、ジェロムスキの『薔薇』の一節を思い出した。「町を行くのも奴隷根性。村を行くのも奴隷根性。毒草が道を覆う。われらを求める者はなし！」何のために、誰のために、この気違いじみたポーランド独立のスローガンを叫ぶのか。民衆は、奴隷根性に染まりきってしまったようだ。首輪に慣れきってしまったようだ。すでに卑屈という膜で覆われた古傷がひっかかれるのを望んでいないのだ。これが、一八六三年にあれほど露助［ロシア人］どもに抵抗した同じキ

クラクフ大公国
ナポレオン失脚後のウィーン会議で、一八一五年にロシア領のポーランド王国、プロイセン領のポーゼン（ドイツ語称、ポーランド語称はポズナン）大公国、オーストリア領ガリツィアの境界が定められたが、クラクフ周辺については、クラクフ自治共和国の設立が認められ、三分割国の共同保護下におかれた。一八三〇年一一月蜂起失敗後、一八四六年二月にクラクフで蜂起が試みられるが、オーストリア軍によって鎮圧され、これを機に、クラクフ自治共和国はオーストリアに併合、オーストリア皇帝をクラクフ大公とするクラクフ大公国となった。この時点で定まった三分割国の境界が第一次世界大戦まで維持される。
なお、ガリツィアは行政上一区域だが、正式名称は「クラクフ大公国、オシフィエンチム［ポーランド語称、ドイツ語称はアウシュヴィッツ］ならびにザトル公国を含むガリツィア・ロドメリア王国」で、これら大公国や公国は独自の国章と国旗をもつ。

エルツェ［地方］なのだ。

スタジンスキの脳裏に浮かんだステファン・ジェロムスキ（一八六四〜一九二五）は、キェルツェ近郊で、没落シュラフタの息子として生まれた。ジェロムスキの故郷のシフィエントクシスキェ山麓一帯は、一八六三年一月蜂起の戦場となり、ジェロムスキの父も蜂起参加者の一人だった。そのため蜂起鎮圧後、父は財産を没収される。ジェロムスキは貧困のなかで育ち、窮乏に耐えつつ社会派作家の道を歩んだ。一九〇五年革命ではポーランド社会党を支持したが、その一九〇五年革命を扱い、仮名で発表された戯曲が『薔薇』（一九〇九年）である。『薔薇』のほかにも、一八六三年一月蜂起を主題とする作品でジェロムスキは、職業革命家あるいはパルチザン部隊の戦士の勇敢さと、彼らについてゆかぬ怠惰な大衆や農民の無関心と敵意を対置し、戦士の孤独を重苦しく描き出している。スカワのスタジンスキは、ジェロムスキの戦士に自分たちを重ねた。

ガリツィア戦線のポーランド人

ポーランド三分割地のどこでも、それぞれの支配国による徴兵は抵抗にあうことなく実施された。動員されたポーランド人の数は、推定で一五〇万人、そのうち四〇万人が戦死したといわれる。確かに兵士にとって、また兵士を送り出した銃後の家族にとって、兵士の属する軍隊は「わが軍」でなければならないだろう。しかし、兵士の感情も、家族の感情も、「わが軍」と「外国軍」ですべてが色わけできるほど単純ではなかった。一九一四年のクリスマス、ガリツィアのタルヌフ近郊で、オーストリア＝ハンガリー軍下で戦うピウスツキのポーランド軍団とロシア軍のシベリア師団が相対峙したとき、前線の両側のポーランド人兵士は、敵味方いっしょになってポーランド語のクリスマス聖歌を合唱した。あるいは、たとえばオーストリア領クラクフの書籍商フィリポフスキの一二人の甥たちのうち、八人はオーストリア＝ハンガリー軍で、一人はドイツ軍で戦い、二人は敵方のロシア軍に、一人は遠く移民先のアメリカ軍にいた。▼もし、ロシア軍にいる甥がフィリポフスキを訪ねてきたら、彼は、オーストリアの敵だからと、甥を追い返したり、密告したりしただろうか。

ロシアとドイツ・オーストリア＝ハンガリーによる宣戦布告が行われてまもなく、一九一四年八月一四日、ロシア軍総司令官ニコライ・ニコラエヴィチ大公は、「ポーランド人よ！」で始まる宣言を発した。

時が到来した。おまえたちの父祖が抱き続けた夢がかなえられる時が。……ポーランド国民を切り裂く境界線を消し去れ。ポーランド人よ、ロシアのツァーリの笏《しゃく》のもとで一体となれ。
この笏のもと、信仰、言語、自治において自由なるポーランドがよみがえるで

▼アメリカのポーランド人移民兵については、本シリーズ中野耕太郎『戦争のるつぼ』参照。

あろう。……(*Documents of Russian History 1914-1917*, ed. by Frank Alfred Golder, translated by Emanuel Aronsberg, Gloucester, Mass. 1964, p. 37.)

フィリポフスキのように、個人的にロシア軍兵士とかかわりをもつポーランド人は少なくなかったであろうが、ガリツィアのポーランド人で、ロシアの支配下に入ることを喜ぶ親ロシア派は少数だった。

第一次世界大戦以前のドイツは、ロシアとのあいだで戦争が勃発した場合、ロシアが兵士を動員して攻勢に移るまで、四週間から六週間はかかると想定していた。この想定にもとづき、ドイツ軍の元参謀総長アルフレート・フォン・シュリーフェン(一八三三〜一九一三)が一九〇五年に策定したのが「シュリーフェン・プラン*」である。一九一四年八月のドイツ軍の作戦は、基本的にシュリーフェン・プランにしたがうものだった。すなわちドイツ軍は、ロシア軍がドイツ攻勢を開始するまで三週間を要すると見なし、そのあいだ、兵力を西部戦線に集中して、まずはフランスを敗北に追い込むことに全力を傾ける。フランスを降伏させた後、部隊を対ロシア戦に振り向けようというのだ。ところが、予測に反してロシア軍は、ほとんど二週間でドイツ戦線への兵力移動を完了し、八月一五日には、東プロイセンの国境を越えた。

ガリツィア戦線については、本書と同じ「レクチャー　第一次世界大戦を考える」シリーズの一冊、大津留厚著『捕虜が働くとき』(二〇一三年)に詳しい。

シュリーフェン・プラン
一八九四年にロシア・フランス同盟、一九〇四年にイギリス・フランス協商が成立するなか、シュリーフェンにより、対ロシア・対フランス二正面戦争のための作戦として起草され、一九〇六年、後任の参謀総長小モルトケ(ヘルムート・ヨハン・ルートヴィヒ・モルトケ)に引き継がれた。はじめフランスを全力で攻撃して対フランス戦を早期に終結させ、その後反転してロシアの攻撃に集中することを基本とする。

ガリツィアでは、ロシア軍が国境を越えて押し寄せた場合、山や谷のような敵軍を遮る自然の障壁がないため、オーストリア＝ハンガリー軍は、国境から後方に退き、サン川とドニステル川を防衛線として四個の軍団を配置した。東部国境から侵攻するロシア軍に対しては第二、第三軍団が、北部国境については第一、第四軍団が敵を迎え撃つ手はずであったという。しかし、東部では、八月後半から戦闘が本格化すると、弱体なオーストリア＝ハンガリー軍はドニステル川の北方、すなわちオーストリア＝ハンガリー軍の防衛線のロシア側に位置するガリツィアの州都ルヴフを守りきれず、九月二日、ルヴフから撤退する。そのため、北部国境に攻め上った第一、第四軍団には、前方のみならず、背後から回り込んだロシア軍の攻撃にさらされる危険も迫り、両軍団はサン川まで撤退を余儀なくされた。ロシア軍は、この撤退局面に入ったオーストリア＝ハンガリー軍を圧倒的な勢いで追撃し、九月末までに東ガリツィア全域を掌握、さらにサン川を越え、一九一四年末にはクラクフに迫る勢いであった。西部戦線に主兵力を投入していたドイツ軍に、東部戦線でオーストリア＝ハンガリー軍を助ける余裕はなかった。

　ガリツィア戦線の予期せぬ展開で、コサック兵の到来に恐怖を感じたユダヤ人はパニックに陥り、とるものもとりあえずガリツィア脱出を急いだ。（ユダヤ人については第3章で詳述する。）他方、ポーランド人は、ロシアがスラヴ民族の連帯を唱え、ニコライ大公があのように宣言している以上、ロシア軍によるポーランド人住民の虐待はありえまいと踏んでいた。戦闘終了後、ロシア軍の占領下に入った町でポーランド人は、家の窓の外からよく見えるところにイコン（キリストや聖母マリア、聖人などを描いた聖画像）を掲げ、まずは、家の住人がユダヤ人ではないことを証明した。この時期、ガリツィアでは、どこでもイコンが飛ぶように売れた。彼らは、息を潜め、これから何が起こるのか、様子をうかがった。

ポーランド人が多数を占める西ガリツィアについていえば、ロシアは、西ガリツィアをロシア領ポーランドに併合し、ニコライ大公の宣言にあるとおり、そこでポーランド人の自治を認める用意があった。しかし、ロシア軍のガリツィア占領は、その行く末を見定める間もなく、短期間で終了する。一九一五年明けから、ようやくドイツ軍の支援をえて反攻に転じたオーストリア＝ハンガリー軍は、約半年後の六月二二日にルヴフを奪還する（第4章第1節参照）。だが、オーストリア＝ハンガリー軍が戻ってきたことは、ポーランド人の民衆にとって、以前の日常が戻ることを意味しはしなかった。

再び大津留氏の『捕虜が働くとき』によれば、一九一五年二月、オーストリア政府は、戦火で荒らされたガリツィアで農業再建の方途を探るため、西ガリツィアに調査団を派遣する。調査団が現地で目にしたのは、灰燼と化した家屋、死体を埋めた盛り土、砲火でえぐられた大地、塹壕でずたずたになった農地、砲撃で倒された木々、飢えでむくんで青白い顔をした人々であった。さらにオーストリア＝ハンガリー軍によるガリツィア解放後、ただちに始まったのが裏切り者に対する迫害である。オーストリア＝ハンガリー軍は、軍事法廷を開き、ロシア協力者の嫌疑のかかった者たちを容赦なく処刑した。タルヌフのポーランド人数学教師ワザルキも死刑台に吊された者の一人である。彼の国家反逆罪とは、ロシア軍のタルヌフ駐留中、ポーランド人でロシア軍将校であった義理の息子を家に入れた、というのがすべてだった。

2　ウクライナ人農民の悲劇

一八八一／八二年の国家反逆罪

サン川以東の旧東ガリツィアは、現在のウクライナ共和国の地理的区分にしたがえば、キエフを中心とする東ウクライナに対し、西ウクライナと呼ばれる地域に属する。一九九〇年のソ連解体で西ウクライナは、ウクライナ独立運動をリードした地域であり、リヴィウ（ウクライナ語称）は運動の中心都市だった。歴史の行方を見通していたかのようにイギリスの歴史家アーノルド・J・トインビーは、一九世紀イタリア統一運動の中核地であったピエモンテになぞらえ、東ガリツィアをウクライナのピエモンテと呼んだ。それゆえ、一九九一年のウクライナ独立実現へとページを進める現在のウクライナ国史の叙述において、かつて、まさしくその東ガリツィアにルソフィーレと呼ばれる人々が存在したことは、当地のウクライナ人にとっての歴史的汚点となり、ほとんど無視されるか、一言二言、歴史の方向を見誤った者たちとして言及されるのがせいぜいである。

しかし、第一次世界大戦の前、東ガリツィアのウクライナ人民衆のアイデンティティは混沌としていた。二〇世紀を通じて東ガリツィアのウクライナ民族運動の拠点となったギリシア・カトリック教会にしても、旗色を鮮明にするのは一九世紀末以降である。確かに、この一九世紀末を境としてルソフィーレの影響力は低下し、東ガリツィア全体では、ウクライナ民族派の啓蒙団体プロスヴィータ（啓蒙）が（図14）図書室開設や出版あるいは協同組合活動を通じ、ルソフィーレに対して優位に宣伝活動を展開していた。しかし、ロシア国境沿いのブローディやソカル、ズウォチュフ等の町々について見れば、なおルソフィーレの啓蒙団体カチコーフスキイ協会*の運営する図書室の方が、数の上でプロスヴィータに勝っていた。そのため第一次世界大戦前夜のオーストリア政府は、予想される対ロシア戦においてウクライナ民族派の協力を重視する一方、東ガリツィアのルソフィーレ農民の動向に警戒心を募らせる。一九〇九年一一月、ウィーンのオーストリア外務省は、ガリツィアには約四〇万人のルソフィーレがいると見積もっていた。しかし、

図14　1900年当時のルヴフのリネク広場。向かって右端の建物をプロスヴィータが使用していた。
(Claudia Erdheim, *Lemberg, Lwów, Lviv 1880-1919. Album*, Wien 2003, Nr. 51.)

四〇万人という、過度の警戒心が生み出した過剰な推定数字の内実とは、どのようなものであっただろうか。同時代史料から見えてくるのは、ルソフィーレともウクライナ民族派とも分類しがたい民衆の意識の混乱だ。まずは、一八八一／八二年の国家反逆罪事件から検証していきたい。

ことは、一八八一年の冬、東ガリツィアのタルノポルの東方、ロシア国境近くの村フニリーツェ・マーウェで始まった。長年の請願にもかかわらず村に司祭が派遣されず、不満を募らせた農民が、こぞってギリシア・カトリックから正教に改宗することを決めたのだ。読み書きが十分にできない農民に代わり、改宗宣言書を作成したのは、ルソフィーレのギリシア・カトリック司祭イヴァン・ナウモヴィチ（一八二六～九一）である。しかし、改宗宣言書が教会および行政当局に届けられたところで、一八八二年一月、教会の調査委員会が事件に介入し、村に司祭を配属することを約束した。そこで農民たちは改宗をとりやめ、彼らにとって一件は、これですべて終わったはずだった。

改宗宣言書でナウモヴィチは、改宗を根拠づけるため、教皇制度や、カトリックと東方正教の合同を批判した。ギリシア・カトリックの司祭による合同批判は、自身の宗教的立場の自己否定であり、わけのわからない話だが、改宗騒ぎを画策したのはルソフィーレの活動家たちで、農民とナウモヴィチを引き合わせたのも彼らだった。ルソフィーレの関心は、当然ながらギリシア・カトリックの宗教的正当性をめぐる宗教論争ではなく、農民をルソフィーレの影響力

カチコーフスキイ協会

ミハイロ・カチコーフスキイ（一八〇二～七二）は、裁判官を職業とするが、ルヴフで発行されたルソフィーレの新聞『スローヴォ〔言葉〕』（一八六一～八七年）など、ウクライナ語、ウクライナ人による著作や出版活動を広く財政的に支援した。カチコーフスキイ協会は、一八六八年に設立されたプロスヴィータをモデルとして一八七四年に設立され、『スローヴォ』の支援者カチコーフスキイに因んで命名されたが、彼自身はルソフィーレであったことはない。

一九一四年当時のガリツィアで、プロスヴィータが運営する図書室は二九四四室であったのに対し、カチコーフスキイ協会運営の図書室は三〇〇室であった。

拡大に利用することにあった。

農民の方は、もとより、宗教教義にかかわる小難しい話など知るところではない。後の裁判で明らかにされるように、農民がルソフィーレの活動家から聞かされ、漠然と理解していたことは、自分たちが司祭をもつには改宗が必要であること、しかし、改宗といっても、正教は「父祖たちの信仰」であって、正教への改宗はたんなる父祖たちの信仰への原点回帰であること、しかもそれは、オーストリアで公認された正教会に移籍するのであって、ロシア正教に改宗するわけではないことである。農民には、同じ東方典礼にしたがう正教とギリシア・カトリックの相違がよくわかっておらず、東ガリツィアから国境を越え、ロシア国内の正教の聖地への巡礼も、ごく普通に行われていた。農民たちは、自分たちの行為が反オーストリア的であるなどとは、夢にも考えなかった。

ところがオーストリア当局は、ナウモヴィチのような名の知れたルソフィーレが関与していたことから、事件の背後にロシアの指示があり、ガリツィアにロシア正教を導入しようとするはかりごとがめぐらされているのではないか、という疑いを抱く。というのも、フニリーツェ・マーウェの事件に先行して、この村に近いズバラシュの町でも、ギリシア・カトリックの信徒が、町の司祭に対する不満を正教への改宗という脅しをかけることで解決する事件が起こっていたからである。ズバラシュで動いたのもルソフィーレの活動家だった。さらに、二つの事件をかぎつけたポーランド人の記者たちが、当地方で正教への大量改宗が画策されているという噂を書きたてるにおよび、ついにオーストリア内務省が腰を上げる。一八八二年一月から二月にかけて、ルソフィーレ活動家たちの家宅捜査と逮捕が大々的に執行され、二つの事件は、ナウモヴィチをはじめとする一一人が国家反逆罪で起訴される大事件に発展した。一一人のうち、フニリーツェ・マーウェの農民一人とズバラシュの靴職人一人を除けば、ほとんどが政治家、ジャーナリスト、聖職者、協同組合の活動家など、インテリであった。

裁判は一八八二年六月一二日のルヴフで始まったが、この裁判は、確たる証拠もなしに陰謀を妄想した国家当局にとっても、フニリーツェ・マーウェやズバラシュの事件をプロパガンダに利用しようとしたルソフィーレにとっても、ほとんど茶番に終わる。フニリーツェ・マーウェの農民は、ナウモヴィチの改宗宣言書の中身を理解しておらず、何が書いてあるのか読めないまま彼らが署名した文書は、村にギリシア・カトリックの司祭を呼んでくるための請願書だと思い込んでいた。あるいはズバラシュの靴職人は、弁護士から、おまえはオーストリア皇帝に対する裏切りによって法廷に立たされているのだ、と聞かされると、驚愕して次のように抗弁した。

まさか、とんでもない。私めは、至尊の皇帝閣下殿のために一二年間兵役を務めました。その私が、どうして閣下の敵対者なんかでありえましょう。私めは、われらが皇帝のため、わが血を流します。私らはみな、われらが至尊の皇帝閣下殿のため、私らの血を流す覚悟でおるのです。

結局、陰謀の存在は立証できず、一八八二年七月二九日の判決で、国家反逆罪については全員が無罪となって裁判は終わった。しかし、裁判が何の影響も残さなかったわけではない。ギリシア・カトリック教会は、これまでルソフィーレを支持する司祭の存在を大目に見てきたが、彼らのために教会全体に反国家の嫌疑がおよぶことを恐れ、以後、ルソフィーレに対する監視を強化する。▼とくに一八九九年にアンドレイ・シェプティツキイ(一八六五〜一九四四)がギリシア・カトリック教会の府主教に就任すると、教会はウクライナ民族運動の拠点になっていった。

▼ナウモヴィチは一八八五年秋、キエフで正教に改宗した。

ソカルの悲劇

フニリーツェ・マーウェとズバラシュの事件は、オーストリア政府が過剰に不安視したルソフィーレ農民の実態を示す一例である。しかし、一九一四年八月に戦争が始まると、もはや彼らは無罪ではすまなかった。八月六日にオーストリア＝ハンガリーがロシアに宣戦布告した後、ガリツィアでロシア軍の攻撃が本格化するのは八月一八日になってからだが、国境の町ブローディやソカルでは、それ以前にロシア軍とオーストリア＝ハンガリー軍のあいだで小競り合いが発生していた。その小競り合いの期間中、ソカルの町で執行された二八人の反逆農民の処刑は、後のガリツィアで繰り返されたウクライナ人農民の悲劇のひとつである（図15）。

二八人の農民の国家反逆罪とは、ソカル近郊の彼らの村ポトコーヴィェツでロシアのコサック兵を匿《かくま》い、オーストリア軍が宿営地をソカルからラヌフに移したという情報を伝え、それによってコサック兵のソカル襲撃を幇助《ほうじょ》したことである。事件の一切は、夏休み中、ソカルの東に位置する町タルタクフに帰省していたウクライナ人の学生ディミトリ・プロコップと、知人のユダヤ人ヘルマン・ブルーメンタールが、連れだってルヴフに向かう途上で体験した出来事として、ブルーメンタールが一九一五年に刊行した『ガリツィア――東方の防壁』に記されている。日が暮れてポトコーヴィェツに宿泊することになった二人は、偶然、村人とコサック兵の密談を目撃してラヌフのオーストリア軍に通報し、コサック兵によるソカル占領は、町に舞い戻ったオーストリア軍に阻止された。オーストリア軍が駆けつけたとき、町はすでに燃えており、ソカルの住人の証言によれば、コサック兵を手引きした農民たちは、彼らといっし

図15　祖国に対する裏切り者の処刑。西ガリツィア、グルィブフ、1915年1月3日。
（Hamann, *Der Erste Weltkrieg*, S. 102.）

ょになってポーランド人やユダヤ人の店や住居を略奪したという。しかし、大事にいたらぬうちにコサック兵二〇〇人は捕らえられ、その夜のうちに捕虜としてルヴフへ送られる。農民は、現地で即刻、軍事裁判にかけられることになった。

裁判で、小柄でやせた農民は、しどろもどろ、ことの次第をおおむね次のように説明した。

集まって酒を飲んでいると、見知らぬ者がやってきて、ウィーンのカイザー［皇帝］は、おまえたちのことなど知ったことではないのだ、ツァーリこそおまえたちの保護者だ、ロシア人は兄弟で、おまえたちは兄弟を助けなければならない、と言ったんです。村の司祭様は反対なさらなかったし、それで、私らは兄弟を助けることにしたんだが、これが、私らの善きカイザーに対する裏切りというんなら、神様、どうか許しておくんなさい。誰も、それが悪いことだと言う者はいなかったもんで。

村の長老も言う。

村の誰も、政治に頭を悩ます者などおりませんでした。私どもにとって、ロシア人など、何の関係がありましょう。ある時分から、ロシア正教の司祭がたびたび私のところにやってくるようになり、コサック兵を受け入れるよう、私どもが承知するまで詰め寄った。この司祭こそ呪われるがいい。甘言でもって私どもを不幸に突き落としたのだから。いったい、この司祭が私らに約束しなかったものがあるでしょうか！　アレンダール▼の屋敷や家畜や農地は私らのものになると。カウシュの製塩所から、入り用なだけの塩がただでもらえると。タバコの栽培も許されると。税金はなくて、ユダヤ人やポーランド人の金は私らのものになると。

▼おそらくここでは、地主の農地の賃借人あるいは地主に雇われた農地管理人のことをさしている。第３章第１節参照。

二八人の処刑に立ち会ったプロコップは、ブルーメンタールの手を握り、苦しげに言った。

僕らの土地で、ルソフィーレの宣伝人がどういう餌をぶら下げて活動しているか気づいていたら、僕らは、村々を回って農民たちを啓蒙して、彼らの兄弟がロシアで、ツァーリという解放者の暴力のもとで、どんなに苦しんでいるか説明してやったのに。……

僕らは冊子や新聞を発行したり、集会を開いたりして真実を語ってきたけれど、もっと民衆のなかに行くべきだったんだ。

戦争は軍法会議とともに始まった

いったい何がウクライナ人の農民に、ツァーリは解放者だ、と思わせたのだろうか。

　ルソフィーレの活動家の宣伝で、ウクライナ人農民が何よりも気をそそられたのは、国境の向こうのロシアの方が生活がましらしい、ということだ。ガリツィアでは、政治的にも経済的にも権力を握っているのは、数の上で二〇〇〇にも満たないポーランド人の地主貴族だった。一八九九年当時で、耕作地と森林の四一・三パーセントが彼らの手中にあり、さらにそのほぼ半分をわずか一六一家族が所有していた。ポーランド人の役人とユダヤ人の商人や職人が住む町は、東ガリツィアではウクライナ人農民の大海に浮かぶ小島のごときものであるのに、村のウクライナ人に命令するのはポーランド人の地主と町の役人である。これに対して農民がルソフィーレの活動家から聞かされたところでは、国境の彼方の右岸ウクライナでは、ツァーリが一八六三年一月蜂起に参加したポーランド人の地主貴族から土地を取り上げ、農民に配分し、工業化も進んで労賃も高く、それに、役人も警官も、自分たちと同じ東方典礼の信者たちだ、というのだ。

　もし、ツァーリが東ガリツィアをロシアに併合したら、ツァーリがポーランド人とユダヤ人を追い払ってくれたら、自分たちの生活はどう変わるのか……農民たちは想像をふくらませる。ルソフィーレの活動家は農民たちの被抑圧感を利用し、ロシアのツァーリこそ彼らの解放者だと説いた。しかし、農民がツァーリに見た夢は、彼らの頭のなかでは、必ずしもオーストリアのカイザーに対する忠誠心と矛盾せず、それを排除するものではない。戦争が始まると、彼らは、とくに悩むことなくカイザーの軍隊に忠誠を誓い、兵士になった。生活をましにしてくれるのであれば、天上にいるのがツァーリであってもカイザーであっても、いっこうにかまわなかったのである。

プロコップは、ウクライナ軍団に志願するため、ルヴフへの道を急いでいた。志願兵の多くは、プロコップのような学生や、ギムナジウムの教師のような知識人であった。しかし、全員がそうであったわけではない。ルソフィーレ活動家の思惑と、フニリーツェ・マーウェやズバラシュのウクライナ人農民や町民の意識がずれていたように、ウクライナ軍団を将来のウクライナ国家建設のための先兵と見るウクライナ民族派の活動家の意識と、自分たちの生活空間を守ること以上に関心が広がらない一般志願兵の意識は、必ずしも一体ではなかった。ウクライナ軍団は、ポーランド軍団と同じくオーストリア＝ハンガリー軍の統率下で戦う部隊であり、兵士はオーストリア＝ハンガリー軍に忠誠を誓わなければならなかったが、一九一四年九月一日までに訓練を完了した志願兵の少なからぬ者が、最初、忠誠宣誓と前線での勤務を拒否する。自分たちの任務は、東ガリツィアとブコヴィナの前線の後方にあって、ウクライナ人の土地をよそ者から、とりわけピウスツキのポーランド軍団から防衛することにある、というのだ。ポーランド軍団とウクライナ軍団の敵対は、オーストリア＝ハンガリー軍の内部分裂にほかならない。実際、ガリツィア戦線のオーストリア＝

ハンガリー軍を悩ませたのは、現地のポーランド人とウクライナ人の反目であり、そのポーランド人に自治権を与えたオーストリアに対するウクライナ人の忠誠度の見極めであった。

第1節で述べたように、ガリツィアで戦闘が本格化した後、ルヴフは九月二日に陥落した。ルヴフを逃げ出した避難民は、敵を手引きしたのはルソフィーレの農民だと、口々に言い合った。「自分たちの土地で、裏切りがこんなにも重大な役目をはたすなんて。そういうことがなければ、敵どもがルヴフまで押し寄せることなどなかったはずだ。」退却するオーストリア＝ハンガリー軍は、自分たちの敗北をルソフィーレの裏切りのせいにし、退却途上の村々で軍法会議を開き、性急な判決を言い渡した。ブローディで生まれたユダヤ人のドイツ語作家ヨーゼフ・ロート▼1（一八九四～一九三九）は、『ラデツキー行進曲』（一九三二年）の最終章で、諸民族の忠誠心に対する疑惑でほとんどヒステリー状態に陥った多民族国家の最期をこう書く（図16）。

図16　オーストリア帝国時代のブローディのクーロンプリンツ・ルードルフ・ギムナジウム（皇太子ルードルフ中・高等学校）
建物は、現在も高等学校として使用されている。ヨーゼフ・ロートは1905年から13年までこの学校で学んだ。学校正面入口前に、著名な5人の卒業生の記念碑がたっている。向かって左端がロート。（2006年、著者撮影）

▼1　ロートは、ある時期から出生地を偽り、ブローディ近郊のシュヴァビと記した。この間の事情については、平田達治『放浪のユダヤ人作家ヨーゼフ・ロート』（鳥影社、二〇一三年）および本書のあとがきを参照。

オーストリア軍の戦争は軍法会議とともに始まったのである。正真正銘の裏切り者も、誤ってそう見なされた連中も、教会広場の樹々に、生きている者に対する見せしめとして、何日も吊されていた。

ガリツィアでは、疑わしきルソフィーレの積極的告発者となったのは、現地のポーランド人の役人たちである。彼らは、撤退軍の疑心暗鬼をガリツィアのポーランド人支配に敵対的なウクライナ人の排除に利用した。オーストリア＝ハンガリーの裏切り者と告発されたウクライナ人のなかには、親オーストリアのウクライナ民族派の活動家さえ含まれていた。ルソフィーレと見なされた者は、現地で処刑されたほか、オーストリアのグラーツ近郊のターラーホフその他のキャンプに送られ、抑留された（図17、図18、図19）。一九一四年末で、いまだ収容家屋さえ完成していなかったターラーホフの抑留者は約八〇〇〇人、そのうち五七〇〇人がウクライナ人で、大部分は農民だった。一九一七年五月にキャンプが閉鎖されるまで、ターラーホフでは、劣悪な住環境、栄養失調、伝染病、虐待や処刑により、後に一九三六年の遺体発掘で確認されただけでも一七六七人が死亡した。▼2 実際の犠牲者はそれより多数であったと推定されるが、正確なことはわかっていない。これが、国家と国家の戦争というものがよくわかっていなかった農民たちの最初の国家体験であった。

▼2　一九三六年、ターラーホフにグラーツ空港が建設されることになり、それまで残っていた収容所の建物の撤去と、遺体の発掘、近郊のフェルトキルヒェン墓地その他への改葬が行われた。第一次世界大戦時、ターラーホフにはロシア軍の捕虜も収容され、そのなかにはウクライナ人兵士も少なからずいた。

図17　ターラーホフ収容所全景（1917年）

図18　ターラーホフで執行された処刑（1916年）

図19　リヴィウ（ルヴフ）郊外のリチャキウスキイ墓地にたつターラーホフ収容所犠牲者の記念碑
(Historisches Museum der Stadt Wien, *Lemberg/L'viv 1772–1918*, Wien 1993, S. 104.)

ルソフィーレの閉幕

それでは、ロシア軍占領下の東ガリツィアのルソフィーレは、ターラーホフとは別の国家を体験したのだろうか。

一九一四年九月九日付けのロシア南西方面軍の機関誌『軍事報知』は、ニコライ・ニコラエヴィチ大公の「オーストリア＝ハンガリーの民よ！」と題する宣言を掲載し、外国の頸木《くびき》に繋がれたオーストリア＝ハンガリーの民のため、解放者ロシアが到来したことを告げた。

> オーストリア＝ハンガリー政府は、何世紀にもわたり、諸君のあいだに紛争と敵意の種を播き続けてきた。諸君に対する政府の権力は、諸君の不和の上にのみ成り立つからである。
>
> それに対してロシアは、ただひとつのことを求めている。それは、諸君のうちの誰もが、父祖のかけがえのない遺産である言語と信仰を守りながら、成長発展し、幸福に暮らすことである。さらにまた、血をわけた兄弟達と一体となり、平和に、かつ近隣の者たちの独立を尊重しながら、これと和して生きることである。
>
> 余は、諸君が、総力をもってこの目的の達成のために協力するであろうことを確信する。そして、諸君が、ロシア軍を忠実な友人として、諸君の最良の理想を勝ち取る戦い手として出迎えることを呼びかけるものである。（**Армейский вестник.** No. 14, 9 **сентября** 1914 г., С. 1.）

第一次世界大戦勃発前、オーストリア政府による取り締まり強化でロシアに亡命したルソフィーレは、東進するロシア軍とともにガリツィアに戻る。しかし、東ガリツィアのロシア軍政府にとって彼らルソフィーレは、何といっても旧オーストリア国民であり、軍政府の役人として必ずしも好ましい候補というわけではなかった。それに、ロシアの計画によれば、西ガリツィアはロシア領ポーランドに併合されるのに対し、ウクライナ人が多数を占める東ガリツィアはロシア本国に併合されることになっており、東ガリツィアでのウクライナ人の自治や、ましてウクライナ人の国家など、はじめから念頭になかった。したがって、ロシア軍占領下で進められるべきは、東ガリツィアのロシアへの統合政策であり、手始めに行われたのは、教育言語のロシア語化、ウクライナ語出版物の弾圧、ギリシア・カトリックからロシア正教への改宗強制である。一九一四年九月、ギリシア・カトリック教会の府主教シェプティツキイはロシア軍政府に逮捕され▼、キエフに連行された。

このロシアへの統合政策において、東ガリツィアに送り込まれたのはロシア人の役人である。ロシア人の役人で、戦地東ガリツィアへの赴任を喜ぶ者はおらず、かき集められたのは最低レベルの能力しかもたない者たちであったが、それにもかかわらず、現地のルソフィーレに与えられたのは、概して下級の役職のみだった。

一九一五年夏、オーストリア＝ハンガリー軍による東ガリツィア奪還が進む

▼この逮捕に対しては、バチカンのみならず、ロシアの同盟国からも抗議の声があがったが、シェプティツキイは、ノブゴロド、モスクワ近郊のスーズダリその他、抑留地を転々と移動させられた後、解放されたのは一九一七年二月のロシア革命後である。第二次世界大戦中、一九四一年六月二二日に始まる独ソ戦でルヴフがドイツの支配下に入ったさい、シェプティツキイは教会内にユダヤ人を匿ったことで知られる。

と、ルソフィーレは撤退するロシア軍とともにロシアへ逃れる。その数は約二万五〇〇〇人といわれ、ドン川下流の町ロストフ近郊が彼らの再定住地になった。第一次世界大戦前、オーストリア政府がルソフィーレの取り締まりを強化するなかで、ウクライナ民族派はオーストリア当局のルソフィーレ狩りに協力した。第1章第2節に登場したウクライナ最高評議会の長、ウクライナ軍団創設のイニシアティブをとったレヴィツキイは、ルソフィーレをロシアのスパイ容疑で次々に当局に告発し、スパイマニア、ルソフィーレ・ハンターの異名をとった人物だ。ところが、第一次世界大戦が始まり、オーストリア＝ハンガリー軍が敗北して東ガリツィアがロシア軍の支配下に入ると、両者の立場は逆転する。ルソフィーレは、先に受けた仕打ちの報復としてウクライナ民族派の活動家の告発に励んだ。しかし、オーストリア＝ハンガリー軍が東ガリツィアを奪還すると、再び両者の立場は逆転する。東ガリツィアから逃げ遅れたルソフィーレの運命については、もはや説明の必要はないだろう。こうして一九一五年の夏、ガリツィアのルソフィーレの歴史は幕をとじた。

第3章 ガリツィア・ユダヤ人の困難

東ガリツィアのチョルトクフのユダヤ人。この町で生まれたユダヤ人のドイツ語作家カール・エーミール・フランツォース（1848-1904）は、ガリツィア、ブコヴィナおよび両地域と境を接する南ロシア一帯を「半アジア」と呼んだ。(Gabriele Kohlbauer-Fritz (Hg.), *Zwischen Ost und West. Galizische Juden und Wien*, 2000, S. 54.)

1　民族のはざまに生きるユダヤ人

ガリツィアのユダヤ人社会

第1章、第2章で、ポーランド民族主義者やウクライナ民族主義者の意識と、いまだ民族や国家を想像することができないポーランド人あるいはウクライナ人民衆の意識のずれを確認した。では、ガリツィアのユダヤ人の第一次世界大戦経験はどのようなものであっただろうか。しかし、それに立ち入る前に、ガリツィアのユダヤ人社会の形成や、ユダヤ人がポーランド人やウクライナ人と切り結んだ社会的関係の説明に一節をあてたい。これを知らなければ、ポーランド人ともウクライナ人とも異なるユダヤ人特有の困難は理解できない。ユダヤ人には、彼らと同様の民族運動は不可能であった。

表1は、第一次世界大戦後に誕生した図5の諸国家のユダヤ人口（統計上、多くの場合、ユダヤ教徒人口）を示したものである。当時、フランスやイギリスなど、ドイツより西に位置する国にバルカン諸国のユダヤ人口すべてを合わせても約一〇〇万人であったことを考えれば、表が示すとおり、ヨーロッパのユダヤ人口は東に大きく偏っていた。

東中欧のユダヤ人社会の形成は、一三世紀ごろに遡《さかのぼ》って本格化する。歴史上、ヨーロッパのユダヤ人定住地は、まずは古代ローマ帝国の版図に入った地中海

表1　東ヨーロッパのユダヤ人口（単位　1,000人）

	年	ユダヤ人口	総人口
ソ連	1939	3,029	170,557
（ウクライナ）		(1,533)	(30,946)
（ロシア）		(957)	(109,397)
（ベラルーシ）		(375)	(5,569)
ポーランド	1931	3,114	31,916
リトアニア	1923	155	2,029
ラトヴィア	1935	93	1,951
エストニア	1934	4.56	1,126
ルーマニア	1930	757	18,057
オーストリア	1934	190	6,760
チェコスロヴァキア	1930	357	14,730
ハンガリー	1930	445	8,688
ドイツ	1933	500	65,218

（野村真理『ガリツィアのユダヤ人——ポーランド人とウクライナ人のはざまで』（人文書院、2008年）22ページより）

世界一帯に広がり、一一世紀になると神聖ローマ帝国の支配がおよんだ中部ヨーロッパへと広がった。ところが十字軍時代以降、この西および中部ヨーロッパでユダヤ人に対する迫害が激化し、しばしば都市からの追放が行われるようになる。これらユダヤ人の受け入れ先となったのがポーランドだった。歴代のポーランド王は、ユダヤ人の商人や職人に経済活動上の特権を保障し、保護したからである。ポーランド王による厚遇はユダヤ人の東部への移動を促し、とりわけ一五世紀末から一六世紀を通じてポーランド・リトアニア国最盛期のバルト海貿易の繁栄は、当地にユダヤ人を惹きつけた。バルト海貿易で、ポーランドから西ヨーロッパに輸出された主産品は穀物である。マグナート（大貴族）やシュラフタは、領主直営農地の経営権をユダヤ人に貸し出して輸出用穀物の生産にあたらせ、また、穀物輸送や領地経営の拠点となる私領都市を建設し、そこにユダヤ人の商人や職人を積極的に誘致した。これによって、ポーランドの貴族領主とユダヤ人の特殊な関係が形成されることになる。

農地のほかにも、領地で領主が独占する酒の製造・販売特権や、領地の農民に対して領主が所有する製粉所の使用を強制する権利など、領主がもつさまざまな封建的特権のすべてが賃貸の対象となったが、賃借料を前払いするかわりに農地や特権からえられる収益を自分のものにする仕組みは、スラヴ語起源の語でジェルジャヴァ、あるいは中世ラテン語起源のポーランド語でアレンダといわれ、賃借人はアレンダールと呼ばれた。アレンダ制において、経営能力に優れたユダヤ人は、ポーランドでアレンダールといえばただちにユダヤ人が連想されるほど、農奴制に立脚するマグナートやシュラフタの領地経営に深くかかわる。だが、反面、これによってユダヤ人とポーランド人やウクライナ人農民との関係が緊張を孕《はら》んだものになったことは、容易に想像がつくだろう。バルト海貿易で、穀物を作れば作るだけ売れた状況で、ポーランドの貴族領主は農民たちの土地を奪って領主直営地を拡大し、直営地での労働力を確保するため、領内の農民の移動を制限して苛酷な賦役を課した。領主にとって、ユダヤ人アレンダールはなくてはならない存在であったが、農奴制に喘《あえ》ぐ農民にとって領主の手下であるユダヤ人は、自分では種まきも耕しもせず、農民の賦役労働を中間搾取する者だった。そうした農民の不満は、フメリニツキイの乱で爆発する。一六四八年、ウクライナ・コサックの首領フメリニツキイに率いられたコサックがポーランドの支配に対して反乱を起こすと、ウクライナ人農民の多くがこれに合流し、ポーランド人の貴族領主と領主の手先としてのユダヤ人を虐殺した。

オーストリア領東ガリツィアは、分割前のポーランドでアレンダ制が典型的に発展した地域に属する。ガリツィアでは、一八四八年の農民解放後も、ポーランド人の地主貴族による大土地所有が解消されなかったことは先に述べた。ソカルで処刑されたポトコーヴィェツの長老の供述に登場する「アレンダール」とは、おそらく地主の農地経営の賃借人ないしは地主に雇われた農地管理人のことであり、あるいはユダヤ人であったかもしれない。「あるいは」というのも、マグナートや有力シュラフタの農地の賃借人や管理人は、ユダヤ人にかぎられず、一七世紀にポーランドが経済的に衰退してゆく過程で没落し、自身の領地を手放した弱小シュラフタの落ち着き先にもなっていったからだ。

これに対して、プロピナツィアの権利といわれる酒の製造・販売特権についていえば、賃借人は、ほぼ独占的にユダヤ人である。酒の製造・販売独占権は、ガリツィアでは一八八九年に法によって廃止されたが、一九〇〇年当時のガリツィアで、酒に関係する仕事に携わる者の実に八〇パーセント以上がユダヤ人だった。たとえばロートや、レオポルト・フォン・ザッハー＝マゾッホ*のガリツィアを舞台とする小説で、村や町の酒場の主人がきまったようにユダヤ人であるのも頷けよう。酒場は、宿屋や、農民に生活雑貨を売る万屋《よろずや》を兼ねることも多く、酒場のユダヤ人はまた、困った農民に金を貸す金貸しでもあった。

酒場は、酒代の支払いをめぐり、あるいは借金の返済をめぐり、ユダヤ人とお客のウクライナ人農民の小さな利害衝突の場であった。しかし、酒場の経営者や、上述の農地を経営するユダヤ人の存在によって、ガリツィアのユダヤ人社会全体をイメージするのは誤りである。ごく少数の小金をもつユダヤ人を除けば、ポトコーヴィェツの長老のユダヤ人に対する恨み言にもかかわらず、ユダヤ人社会を覆っていたのは、ツァーリに解放者を夢見たウクライナ人の貧農とかわらぬ絶望的なまでの貧しさであった。一九〇五年、東ガリツィアのザブウォートゥフで生まれたユダヤ人のドイツ語作家マネス・シュペルバー（一九〇五～八四）は、『神の水くみ人。すべて過ぎ去りしこと…』（一九七四年）（邦訳『すべて過ぎ去りしこと…』一九九八年）で、極貧のユダヤ人商人や職人が極貧のウクライナ人農民を相手に生きていたオーストリア帝国最貧地帯の故郷を次のように回想している（図20）。

レオポルト・フォン・ザッハー＝マゾッホ
一八三六～九五年。マゾヒズムで知られるマゾッホであるが、ルヴフで警察署長の長男として生まれ、一八四八年までこの街で暮らした。生まれ故郷ガリツィアの農民的世界やユダヤ人を題材とする数多くの作品を書いている。

人口三〇〇〇人のうち、九〇パーセントがユダヤ人だった。必要とされるよりもはるかに多い［ユダヤ人］手工業者と、買い手よりも大勢いる［ユダヤ人］商人たち。これら商人には元手がなく、自分が売る商品の仕入れ代をたいていまだ払っていなかった。彼らは商品を売り払うことができない。［市場で］金がだんだん回らなくなっていったせいだが、それというのも、毎週、火曜日に市にやってくるルテニア人［ウクライナ人］の農民は、売るものがあまりにも少なく、しかも彼らの生産物は、わずかな売値しか望めなかったからである。そのため農民たちに買えるものといえば、塩漬けの鰊《にしん》、花嫁のための櫛一本、そして年に一度、一着の服か、特別安い一足の靴ぐらいだった。……

ほんとうに腹一杯食べたことなどほとんどない、というのは、あの町のたいがいの住民の運命だった。食料品は、西に比べてはるかに安かったにもかかわらずだ。

そのあたりがまだハプスブルク家の二重帝国に属していたころ、村の住人はウクライナ人ではなく、ルテニア人と呼ばれていた。彼らの多くは極貧

図20　ガリツィアのシュテットル（1910年頃）
市場広場に集まった子どもの多くは靴を履いていない。シュテットルについては、114頁の下注を見よ。
（Rachel Salamander (Hg.), *Die Jüdische Welt von Gestern 1860-1938*, Wien 1990, S. 62-63.）

の農民で、みすぼらしい畑を鋤《すき》で耕すとき、それに［家畜ではなく］自分を繋がなければならないこともまれではなかった。肥えた土地や良質の牧草地、魚が豊富な沼や森は、たいていポーランド人の貴族のものだった。……

ルテニア人は、ポーランドの伯爵や男爵、そしてオーストリアの官吏たちを憎んでいた。東ガリツィアでは、官吏のほとんどはポーランド人だった。ルテニア人はまた、イエス・キリストを十字架にかけたユダヤ人を忌み嫌い、さらに、週一回開かれる市では、狡猾なユダヤ人に損をさせられていると思いこみ、ユダヤ人を憎んでいた。

ユダヤ人が生きる道

この絶望的な状況から脱するにはどうすればよいのか。ルソフィーレであれウクライナ民族派であれ、彼らにとって、ウクライナ人農民がかくも虐げられている最大の原因は、東ガリツィアで少数者でしかないポーランド人が政治的、経済的支配権を握っていることにあった。したがって問題の解決は、ロシア帝国への統合か、それとも自治あるいは独立か、方針の違いはあれ、東ガリツィアでウクライナ人こそが支配者になることに求められた。これに対してユダヤ人の解答は、ウクライナ人と同じではありえない。

再び表1にもどれば、ユダヤ人はポーランドだけで三〇〇万人以上と、バルト三国のいずれの国家の総人口にもまさる人口規模をもちながら、彼らが東中欧でユダヤ人国家を設立することなど、考えられない選択肢だった。ユダヤ人は、まとまった居住地域をもたず、点々と、東中欧のさまざまな都市や町にかたまり住む人々だったからだ。

ポーランドの独立回復運動や、ウクライナ民族派の運動に対応するユダヤ人の民族運動は、一九世紀末のロシアで始まるシオニズム運動である。第一次世界大戦との関連でいえば、オスマン帝国崩壊後の中東の植民地支配を狙っていたイギリスは、パレスチナのシオニストを味方に引き込むため、一九一七年一一月、バルフォア宣言*を発して、パレスチナにおけるユダヤ人の民族的郷土建設に対する支持を表明した。戦後、目論見どおりパレスチナの委任統治権をえたイギリスは、一九二二年、パレスチナのシオニストの「ユダヤ機関」を当地のユダヤ人社会の自治組織と認定し、ここに将来のイスラエル政府の萌芽が誕生することになる。したがって第一次世界大戦は、東中欧の諸民族の場合と同様に、ユダヤ人にとっても、ユダヤ国家創設史の最初に記されるべき出来事と位置づけることもできようが、シオニズムがめざしたのは、ヨーロッパの外でのユダヤ国家設立である。二〇〇〇年におよぶ流浪の後、パレスチナにユダヤ国家が再建されれば、それは、シオニストのみならず、ガリツィアのユダヤ人全体にとって民族的誇りであるかもしれない。しかし、パレスチナでユダヤ人が主権者になっても、それでザブウォートゥフのユダヤ人の腹が膨れるわけではなかった。

バルフォア宣言
イギリスの外務大臣アーサー・ジェイムズ・バルフォア（一八四八〜一九三〇）により、イギリスのシオニストに対し、パレスチナにおけるユダヤ人のための「ナショナル・ホーム［民族的郷土］」設立に対するイギリスの賛意が表明された。これをバルフォア宣言という。第一次世界大戦後、敗戦したオスマン帝国領の処理を定めた一九二〇年のサンレモ会議で、パレスチナはイギリスの委任統治領となったが、そのさいバルフォア宣言本文は、国際連盟パレスチナ委任統治規約前文に組み込まれた。これにより、国際政治の場でユダヤ国家建設に向けての一歩が踏み出されることになった。

同じことは、ロシアおよびロシア領ポーランドを中心に、シオニズムとは対立するユダヤ民族運動を展開していたブンドについてもいえる。一八九七年にヴィリニュスで創立されたブンド（リトアニア・ポーランド・ロシア全ユダヤ人労働者同盟の略称）は、ユダヤ国家の設立ではなく、あくまでも現在の居住国でユダヤ人に民族自治の権利が与えられることを求めた。そのさい、まとまった居住領域をもたないユダヤ人の自治の重点は、ブンドがユダヤ人の民族言語と見なすイディッシュ語*で教育を受ける権利など、文化的自治におかれた。

一九〇〇年当時で約八一万のユダヤ人口を擁したガリツィアには、シオニストはもとより、数の上では少数ながらブンディスト（ブンド主義者）やイディッシスト（ヘブライ語ではなく、イディッシュ語をユダヤ民族言語と見なす立場）も存在した（図21）。ガリツィアに隣接するブコヴィナで、一九〇六年に設立されたユダヤ民族党の副党首マックス・ディアマントは、一九〇九年、オーストリアの憲法裁判所に対し、当地のユダヤ人が日常的に使用しているイディッシュ語をユダヤ人の民族言語として認めるよう訴えを起こす。発端は、ディアマントが、みずから設立にかかわったイディッシュ劇場協会の規約をイディッシュ語で執筆し、当局に提出したところ、受け取りを拒否されたことである。理由は、規約がドイツ語、ポーランド語、ウクライナ語など、国家が公的に平等を保障した九の民族言語のいずれによっても書かれていないことだった。これを不服としてディアマントは、一八六七年のオーストリア憲法第一九条▼は、オー

イディッシュ語

イディッシュ語の起源には不明な点が多いが、一般には、ドイツ語圏に定住したユダヤ人のあいだで九世紀から一〇世紀ごろに誕生したといわれる。音韻や文法構造はドイツ語に似ているが、文字はヘブライ文字を用い、右から左に横書きされる。イディッシュ語は、東ヨーロッパに移住したユダヤ人のあいだでスラヴ語の語彙を取り込みつつ独自の発展をとげ、ホロコーストによって当地のユダヤ人社会が消滅するまで彼らの日常使用言語であり続けた。

他方、古代ユダヤ人の言語であったヘブライ語は、紀元二世紀ごろ、話し言葉としての機能を失った。以後、ヘブライ語は、ユダヤ教の聖典や典礼の言語として学ばれ、伝えられたが、近代にいたると、言語ナショナリズムの影響を受けつつ、ヘブライ語をユダヤ人の日常語としてよみがえらせようとする運動が始まる。そのさい、イディッシストに対して、ヘブライ語こそユダヤ人の民族言語であると主張し、普及の推進役を担ったの

図21　1877年に作成されたイディッシュ語のガリツィア・ブコヴィナ地図（Kohlbauer-Fritz (Hg.), *Zwischen Ost und West*, S. 95.）

ストリア帝国民に対して平等に民族の特性と言語を守り育てる権利を保障しているが、ユダヤ民族に対しては、この権利が侵害されていると主張したのだ。これに対するオーストリアの立場は、オーストリアにユダヤ教徒の団体は存在するが、単一のユダヤ民族は存在しないというものだった。

ドイツ語文化に同化したウィーンのユダヤ人は、ディアマントの主張にまったく共感を示さなかった。しかし、ディアマントがいうとおりユダヤ人民衆の多くがイディッシ

がシオニストである。ヘブライ語の近代化において、一八八一年にパレスチナに移住したリトアニア出身の言語学者エリエゼル・ベンイェフダ（一八五八～一九二二）の功績はよく知られる。古代ヘブライ語と区別して現代ヘブライ語とよばれるヘブライ語は、シオニストによって建国されたイスラエルの国家語となった。

▼一八六七年一二月制定のオーストリア憲法第一九条は、前半で次のようにいう。「オーストリアのすべての民族は平等である。すべての民族は、その民族の特性と言語を守り育てる不可侵の権利を有する。学校、行政官庁および公共の場において、その州で一般に使用されている言語の平等性が国家によって保障される。」

ュ語を日常使用言語としていたガリツィアでも、オーストリアでユダヤ人がイディッシュ語を民族言語とする民族と認定されることに対し、実際的メリットを感じる者はどれほどいただろうか。イディッシュ語の認知は、パレスチナのユダヤ国家と同様、イディッシュ語ユダヤ人の自尊心を満たしたかもしれない。だが、彼らの空腹を満たすには、イディッシュ語で教育を受けるより、帝国の支配言語であるドイツ語か、ガリツィアの行政言語であり、文化的支配言語でもあるポーランド語を習得した方が、はるかに大きなチャンスを手にすることができた。ガリツィアからウィーンに出たユダヤ人は、必死に働いて子どもたちにドイツ語教育を受けさせ、やがて彼らがウィーンで一流の商人や、博士の称号をもつ弁護士や医者なる日を夢見た。

民族や国家に関して、ウクライナ人農民の意識がいまだ混沌としていたのとは別の意味で、第一次世界大戦前夜のガリツィアのユダヤ人も、シオニストやブンディスト、あるいはドイツ語に同化した者やポーランド語に同化した者など、ユダヤ人のアイデンティティに一つの方向性を見出すことは不可能である。さらにガリツィアには、ひたすらユダヤ教信仰の世界に生きるハシディスト(ハシディズムと呼ばれるユダヤ教敬虔派の信者)の集団もおり、彼らの意識は、民族とも国家とも戦争とも、いっさいの世俗と無縁であった。だが、そのアイデンティティの在り処がどうであれ、オーストリアは憲法によってユダヤ教信仰の自由とユダヤ教徒の法的平等を保障し、何人といえどもユダヤ人がオーストリアで安全に居住する権利を否認することはできなかった。それゆえガリツィアで、ユダヤ人ほどオーストリアの存続を願った人々はいなかった。

ユダヤ人の法のもとでの平等を実現したオーストリア皇帝フランツ・ヨーゼフ一世（在位一八四八〜一九一六）に対する彼らの崇拝は、ガリツィアでは、ほとんどカルトの域に達する。少年時代のシュペルバーは、いつかウィーンに出て、白馬がひく華麗な儀典用馬車に乗ったフランツ・ヨーゼフ一世を仰ぎ見る日を夢想したが、ユダヤ人にとっての皇帝は、キリスト教徒にとっての光輪を抱くイエスに等しかった。ユダヤ人は、皇帝を彼らに国民としての権利を保障してくれる人、専横と憎悪に対する保護者と見なしていた。

2　ユダヤ人の孤立

コサックが来る！

ガリツィアに到来したロシア軍が、「オーストリア＝ハンガリーの民よ！」と題する宣言を掲げ、みずからを彼らの解放者と称したことは先に述べた。もとより、そのさい、「オーストリア＝ハンガリーの民」といっても、念頭におかれているのはガリツィアのスラヴ系諸民族のみである。ユダヤ人にとってのロシアは、解放者どころか、ようやく手に入れた解放の撤回者以外の何者でもない。オーストリアでは一八六七年の憲法によって、ドイツでは一八七一年の憲法によって、ユダヤ人（ユダヤ教徒）の法のもとでの平等が実現されたが、ロシアでは逆に、一九世紀末にいたって反ユダヤ立法が強化された。法律上の差別のみならず、一八八一／八二年にウクライナ南西部で吹き荒れた最初の大規模なポグロム（一般民衆のユダヤ人に対する略奪、暴行、殺害）の発生以来、各地で大小のポグロムが頻発するようになる。一九〇三年四月のキシニョフ（ロシア語称、ルーマニア語称はキシナウ）では、警察も軍も不介入のまま、暴徒によって四五人から五〇人ものユダヤ人が殺害され、数百人が負傷、ユダヤ人の商店や住居多数が破壊された。一九〇五年革命の混乱期には、反革命・反ユダヤの右翼集団である黒百人組が全国各地でポグロムを組織し、八〇〇〇人以上が殺害される。

ロシアでポグロムが起こるたび、ユダヤ人難民が国境を越え、ガリツィアに流れ込んだ。彼らは、しばらくガリツィアにとどまった後、多くはアメリカ移住を希望して旅を続け、永久にヨーロッパを離れた。悲惨なポグロム難民を見てきたガリツィアのユダヤ人で、ウクライナ人農民のようにツァーリを解放者と想像する者などいなかった。ユダヤ人にとってロシアに対する戦争は、われらがオーストリア皇帝と皇帝が統べるわが祖国のための戦争であり、同時に、キシニョフで殺されたロシアのユダヤ人のための報復、ロシアのユダヤ人のための解放戦争であった。

戦争が勃発したとき、シュペルバーの故郷ザブウォートゥフのユダヤ人のなかには、「二、三週間で全部終わって、伍長になって戻ってくるさ。いや、もしかすると曹長だ」と興奮する若者もいたが、多少の分別がある者は、戦争に対する嫌悪と不安を隠さなかった。不安は最悪の形で的中する。一九一四年八月、ユダヤ人が信じた無敵のはずの皇帝の軍隊は、押し寄せたロシア軍を前に、あっけなく敗走した。

おそらくヒトラー以前のヨーロッパ・ユダヤ人の歴史で、最大の悪党は、前節で登場したフメリニツキイであろう。第1章第2節で述べた『イストーリア・ルーソフ』におけるウクライナの英雄は、ユダヤ人の「イストーリア」では「悪党フメリ」といわれる。妊婦の腹を割き、赤子のかわりに猫を詰め込んだ等々、一六四八年のコサックの暴虐非道は、ガリツィアのユダヤ人のあいだで生々しく語り継がれた。そのコサックが来る！　パニックに駆られたユダヤ人は、とるものもとりあえず、ガリツィア脱出を開始する。

すでに述べたように、オーストリア＝ハンガリーのロシアに対する宣戦布告は、正式には一九一四年八月六日だが、国境付近での小競り合いはそれ以前に始まり、ブローディからまとまった数のユダヤ人が脱出を開始するのは八月二日である。ブローディと同じくロシア国境からそれほど離れていない町トレンボヴラに住むユダヤ人、シフマン一家の行動も早かった。一家の父親は、東ガリツィアで活動するオーストリアの大石炭企業で取締役を務め、ガリツィアにあっても、毎朝、ウィーンの知識人が愛読する『ノイエ・フライエ・プレッセ

『新自由新聞』を読むのが日課だった。彼は、七月二八日のオーストリア＝ハンガリーの対セルビア宣戦布告を知ると、直ちにガリツィア脱出の用意に取りかかった。移動手段は馬車、目的地は、何度も滞在したことのあるなじみの街ウィーンである。このとき、まだ七歳の少女であったミナは、後に回想録『なぜ振り返るの？――回想一九〇七－一九四一年』（一九八六年）で次のように記している。

この避難は、「ロシア人が森にいる！　コサックが来るぞ！」と、絶え間なく発せられる恐怖の叫び声に駆り立てられた、とぎれることのない不安の連鎖であった。汚い藁布団のなかで、突然眠りを引き裂かれたかと思うと、ガタガタ、ゴトゴト揺れる狭くて固い馬車の振動で、混沌とした眠りへと引き込まれる。空腹、渇き、なぜ、どうしてこんなことが起こっているのか、何も理解できない。そんなことの連続であった。

一家は、難民の群に混じってハンガリー国境までたどりつき、そこでようやく馬車から列車に乗り換え、ブダペスト経由でウィーンに向かった。東ガリツィアからカルパチア山脈を越えるのに要した日数は約一ヶ月、ウィーンに到着したのは九月はじめである。一九一五年三月三一日付けのオーストリア内務省の資料によれば、オーストリアの東部戦線で発生した戦争難民の総数は約三三万六〇〇〇人、推定でその半数はユダヤ人であった（図22）。第一次世界大戦終了後もガリツィアに戻らなかったユダヤ人難民は少なくない。一九一〇年から二一年までの一〇年間で、ガリツィアのユダヤ人口は約二〇パーセント減少した。

ロシア軍のユダヤ人迫害

シフマン一家のように、財産も教養もあるユダヤ人は、いち早く情報をつかみ、自力で移動手段を調達し、時機を逸せず脱出に成功した。これに対して、ロシア軍占領下のガリツィアに残ったユダヤ人を支配したのは、法というより無法である。ユダヤ人が恐れていたとおり、ロシアの反ユダヤ立法はロシア軍の占領地にも適用された。ロシアは、ロシアがユダヤ人に愛されていないことをよく承知しており、オーストリアがガリツィアのウクライナ人農民にロシアのスパイの嫌疑をかけたのと同様、ロシアにとってユダヤ人は、ドイツやオーストリアの潜在的スパイだった。

ポーランド人とウクライナ人に解放を宣言したニコライ大公は、開戦から半年後、占領地のユダヤ人の扱いに関して次のように指示する。

図22　ガリツィアを脱出するユダヤ人避難民
（Kohlbauer-Fritz（Hg.）, *Zwischen Ost und West*, S. 29.）

この戦争におけるわれらの経験により、ユダヤ人住民のわが方に対する敵対的態度が明らかになった。ガリツィアとブコヴィナのユダヤ人住民にいたっては、なおさらである。わが軍の配置や移動に重大な変更がなされるや、そして、われらが、そこここの地域から一時的に撤退するや、必ずユダヤ人の口出しにより、敵軍から、［われらに］忠実な非ユダヤ人住民に対して残虐な制裁が加えられるのだ。われらに忠実な住民を敵軍の弾圧から守るため、また、前線全域においてわが軍をユダヤ人の裏切りから守るため、ロシア軍最高司令官は、以下の措置が必要であると考える。敵軍が退却するや、ただちにユダヤ人を追放すること。また［ユダヤ人から］人質をとること。そのさい、第一に、金あるいは財産をもつユダヤ人と特権的地位にあるユダヤ人を、第二に、当該のユダヤ人社会で大きな影響力をもつラビ［ユダヤ教の指導者］を人質にとり、囚人として［ロシア］内地に移送されたい。……

ユダヤ人住民ならびに移送された人質には、警告を発し、われらに忠実な住民に対して敵軍から講じられた苛酷な措置のひとつひとつについて、彼らにその責任が負わされることを知らしめるように。(Jonas Kreppel, *Juden und Judentum von Heute*, Zürich/Wien/Leipzig 1925, S. 73-74.)

ガリツィアに展開するロシア軍にとって最も望ましいのは、ニコライ大公の指示にもあるとおり、占領地のユダヤ人を前線からなるべく遠く、ロシア内地に強制移住させることだった。しかし、ロシアの内務省は、ロシアのユダヤ人定住地▼がすでに過剰なユダヤ人口を抱えていることを理由に、ガリツィアからユダヤ人を受け入れることに難色を示した。そのためロシア軍が考えついたのは、一定地域の全ユダヤ人住民を敵軍の後方に向かって追放するという、前代未聞の代替策だった。敵地からオーストリア＝ハンガリー軍の前線に向かって正体不明の人間集団が移動してくれば、オーストリア＝ハンガリー軍がそれを敵の奇襲と見なし、攻撃することも予想されたが、ユダヤ人が誤射されても、ロシア軍の知ったことではない。それどころか、ユダヤ人はロシアの潜在的敵対者である以上、悪いことではなかった。実際にこのような追放が試みられたことは、たとえば一九一五年三月はじめのオーストリア＝ハンガリー軍の記録で確認することができる。

> 本日の午後、［東ガリツィアの］ナドヴルナ北方の陣地にロシアの国会議員があらわれ、次のように告げた。すなわち、ロシア軍司令官の命令により、本日、カミオンカとティシミェニチャーヌィに集められた約一五〇〇のユダヤ人家族を、明日の午前中、ロシア軍の前線の彼方のオーストリア＝ハンガリー軍側へと追放する。ユダヤ人家族は、［追放にさいして］オーストリア側から銃撃されることを恐れており、したがって、この国会議員が事前通知のために到来した、というのである。(Kreppel, a. a. O., S. 78–79.)

▼ポーランド分割により、支配地域に大量のユダヤ人口を抱え込むことになったロシアは、ユダヤ人の定住地を指定して、彼らの本国内への移動を厳しく制限した。ユダヤ人定住地は、一八三五年に境界が確定され、現在の国家でいえば、リトアニア、ベラルーシ、ウクライナ、モルドヴァとほぼ重なる。ウィーン会議によって成立したポーランド王国は、行政上はユダヤ人定住地と区別されるものの、定住地に含めて論じられることも多い。

通知を受けたオーストリア＝ハンガリー軍は、当然ながらこのような民間人の移動を認めなかった。またロシア軍の措置は、第一次世界大戦の中立国や、ロシアの同盟国からさえ批判をあび、結局ロシア軍は、ガリツィアの占領地の域内でユダヤ人を戦略地点から遠方に集団移住させるにとどめる。他方、人質の確保は情け容赦なく実施された。人質は、現地で警察の監視下におかれるか、ロシア内地の刑務所に連行され、彼らの財産は、差し押さえられるか、利敵行為が立証された場合は——多くはでっち上げであったが——没収された。

ヤロスワフの商人モーゼス・ヴァインシュトックのケースなどは、軍事上の必要というより、ほとんど身代金の取り立てが目的であったとしか考えられない。一九一四年一〇月一〇日、ヴァインシュトックのほか、当地で名の知られた二八名のユダヤ人が市役所前に出頭を命じられ、ロシア軍の人質にとられる。理由は、敵軍がロシア軍を銃撃したさい、それを喜び興奮したユダヤ人がロシア軍に対してデモを計画したという、わけのわからないものだった。彼らは、そのまま着替えや食べ物をとりに帰ることも許されず、家族に別れを告げる間もないまま、嵐のような雨と寒さのなか、市役所前から徒歩でルヴフへしょっ引かれた。四万ルーブリの身代金と引き替えに彼らが解放されたのは、飢えと渇き、見張り人の暴力にさらされながら二週間の歩行に耐えた後である。

『ユダヤ・アーカイヴ』とアンスキの『フルブン』*

ロシア軍の蛮行の数々は、一九一五年五月にウィーンで第一号が発行された『ユダヤ・アーカイヴ』や、Ｓ・アンスキ（本名シュロイメ・ザインヴィル・ラポポルト一八六三～一九二〇）のイディッシュ語の四部作『ポーランド・ガリツィアおよびブコヴィナのユダヤ人のフルブン』（一九二三年）に記録されている。『ユダヤ・アーカイヴ』は、戦時下のオーストリア各地のユダヤ人の状況や、ユダヤ人を襲った災い、また、ユダヤ人兵士の戦功や叙勲を記録するため、オーストリアのユダヤ人が発行した雑誌である。これに対して、同じくロシア軍による蛮行を告発したアンスキは、ロシアでロシア語およびイディッシュ語作家として活動した、本来、決して反ロシア的ではないユダヤ人だった。ロシアのユダヤ人組織の支援をえたアンスキは、一九一四年末、ロシア軍の医療部隊に同行してガリツィアに入り、ロシア軍占領下のユダヤ人の現状の調査と困窮するユダヤ人の救援にあたり、その詳細を第一次世界大戦後まもなく出版された『フルブン』にまとめた（図23）。

コサック兵は、ガリツィアの町を占領するや、ユダヤ人にポグロムを仕掛け、彼らの家に火を放ったが、『フルブン』のアンスキによれば、その口実は、どこでも、見事なまでに同一だった。それにしても、なぜ少女なのか。アンスキがブローディに到着したのは、『フルブン』の記述から、一九一四年末か、一九一五年一月のはじめと推測される。

フルブン
フルブンは、ヘブライ語およびイディッシュ語で大いなる災いを意味する。ナチによるユダヤ人迫害と大虐殺は、ホロコーストあるいはヘブライ語ではショアーといわれるが、イディッシュ語ではフルブンである。
ナチは、ヒトラーに率いられた国民社会主義ドイツ労働者党（略称ナチ党）の党員および支持者をさす。

ブローディの放火は、戦争が始まってまもなく、ロシア軍がオーストリア国境を越えた直後に発生した。火は、町のほぼ半域に広がり、数百件の家が焼け落ちたが、そのほとんどはユダヤ人の家だった。さしたる抵抗を受けることなく最初にブローディに到着したコサック部隊が、町に火を放ち、いっさいの消火活動をブロックしたのだ。その後、戦闘が続くあいだ、このような放火はガリツィアの数十の、いやそれどころか数百の町や村で繰り返され、もはや誰もコメントしない日常茶飯事になってしまった。ただしブローディでの放火は、ロシア軍によって犯されたその種の残虐行為の最初のものであり、それゆえ軍は、何らかの理由が、すなわち残虐行為の正当化が必要だと考えた。かくて理由として中傷話がでっち上げられたが、後にそれが、ユダヤ人に対するあらゆるポグロムや暴力のためのお決まりの口実とされることになった。つまり、ユダヤ人の少女がロシア軍に向かって窓から発砲したというのだ。

図23　風刺画（1915年、ウィーン）
「こいつら、祖国を裏切りたくないだって？　吊しちまえ！」
ロシア軍の大将が、祖国オーストリアを裏切ることを拒んだガリツィア・ユダヤ人の処刑を命じている。
（Hamann, *Der Erste Weltkrieg*, S. 51.）

すでにブローディに到着する前、私は軍の連中からこの公式の口実を聞かされていた。最初のコサック部隊が町に入ったとき、ユダヤ人の少女が——宿屋の経営者の娘だが——宿屋の窓から発砲し、コサック部隊の将校を殺害した。そのためコサック兵は、その場で少女を殺し、それからブローディに砲撃を加え、発砲事件が起こった地区を焼き払ったというのだ。

　ブローディの惨劇を生き延びたカラク博士は、事件について以下のように語った。

「コサック兵が町にはいり、大通りを進んでいたとき、銃声が聞こえ、コサック兵が一人、負傷するか、あるいは殺害されました。事件が起こったのは、ユダヤ人が経営する宿屋のそばです。銃声を聞いた宿屋の主人の娘は、おびえて外に飛び出したんですが、コサック兵は、発砲したのはその娘《こ》とみて、滅多切りにして殺してしまったんです。それから急ぎ町を出て、砲撃を開始し、二、三発、かなりの重量の砲弾をぶち込みました。一発は銀行に命中して、建物を完全に破壊し、数名の犠牲者が出ました。二、三日してコサック兵が町に舞い戻り、銃撃事件があったあたりの家を一軒、一軒まわり、ユダヤ人を外に蹴り出し、家々に火を放ちました。人々は家から何か持ち出すことも、火を消すことも許されず、一帯は——数百軒もの家が——灰塵にきしました。損害は、数千万クローネにものぼるでしょうか。死者は六人です。ユダヤ人が五人、キリスト教徒の女性が一人で、教師でした。本当に妙な話ですが、コサック兵に発砲したとされる少女の父親は、ロシア軍が到着したとき、ロシア人の協力者の疑いで投獄されていたんですよ。それでロシア軍が父親を解放したってわけです。」
(ש.אנ-סקי, דער יידישער חורבן פון פוילן גאליציע און בוקאווינע 1914-1917, 4 טיילן,
ווארשע 1923, דער צווייטער טייל, ג.)

また、以下は、一九一五年五月の『ユダヤ・アーカイヴ』第一号に掲載された、オーストリア＝ハンガリー軍の協力者と見なされたユダヤ人に対する報復措置である。

一月、［東ガリツィアの町］ボホロトチャーヌィにオーストリア＝ポーランド軍団が入った。彼らはユダヤ人から宿と食事を提供され、まもなく撤退した。このユダヤ人の振る舞いは、ただちにスタニスワヴフ［現在はウクライナのイヴァノ・フランキウシク］のロシア軍司令官に密告された。司令官は四〇〇人のコサック兵からなる「懲罰隊」を送り込んだ。懲罰隊は現地に火を放ち、ユダヤ人の婦人や娘らを家から引きずり出し、彼女らを集め、遮るものなき野天で乱痴気騒ぎを始めた。コサック兵に捕らえられた婦人や娘らは、一人残らず陵辱された。その後、この不幸な者たちは、凍てつく寒さのなか、半裸で空腹のまま、徒歩で、焼け落ちた現場からスタニスワヴフへと引き立てられた。道中、多くの者が倒れ、出産後八日目で暴行された女性の死体は路上に放置された。彼女らがスタニスワヴフにいるあいだ医師として世話にあたったB博士は、一〇人の婦人や娘らが妊娠させられたことを確認した。(*Jüdisches Archiv*, Nr. 1, Mai 1915, S. 5.)

ロシア軍は、戦闘で破壊された町や村で食料品の配給を行わなければならなかったが、ユダヤ人は配給から閉め出され、ほかの住民に対しては、ユダヤ人に何かを与えることは厳罰をもって禁じられた。ロシア軍は、ガリツィアのポーランド人もまたロシアに反感をもっていることを承知していたが、スラヴ民族の解放者を自認する以上、ユダヤ人と異なり、ポーランド人を乱暴に扱うことはできなかった。それどころかロシア軍は、支配下のウクライナ人やポーランド人の歓心を買うため、彼らが無権利、無保護状態におかれたユダヤ人から財産を略奪することを黙認し、実際、財産の没収を狙って、ポーランド人やウクライナ人によるユダヤ人のありもしない利敵行為の密告も発生する。ガリツィアのユダヤ人にとってロシアのコサックは敵国人だが、ポーランド人やウクライナ人は、これまで数世紀にわたって同じ土地に住んできた隣人だ。戦争中、ユダヤ人を襲ったのは、絶対的ともいえる孤立感である。

一九一五年五月、攻勢に転じたドイツ・オーストリア＝ハンガリーの連合軍は、同年九月末、ほぼガリツィア全域を奪い返す。しかし、それまでガリツィアのユダヤ人がオーストリア＝ハンガリーへの忠誠ゆえに被った迫害は報われることはなかった。戦前のガリツィアで商業を担っていたのは圧倒的にユダヤ人である。ロシア占領軍は、ユダヤ人を迫害する一方で、ユダヤ人商人のノウハウに頼らなければ必要物資を調達することができなかったし、人々も、ユダヤ人が商売を再開しなければ、食料品も日用品も手に入れることができなかった。戦争で物資が欠乏すれば、ものの値段は跳ね上がる。これは、ユダヤ人のせいではないはずだが、帰ってきたオーストリア＝ハンガリー軍からユダヤ人にあびせられたのは、敵のロシア軍に協力し、市場や闇市で暴利をむさぼったという非難であった。

ともあれオーストリア＝ハンガリーの支配が回復されれば、やがて、かつての日常も戻るだろう。ユダヤ人ほどこれを望んだ人々はいなかった。

第4章　隣人が敵国人となる日

ウィーンのユダヤ人に対し、ガリツィアのポグロムに対する抗議集会（1918年11月27日開催）への参加を呼びかけるポスター。集会の主催者は、1918年11月はじめ、ウィーンでローベルト・シュトリッカー（1879-1944）によって結成されたユダヤ民族評議会。(Hamann, *Der Erste Weltkrieg*, S. 181.)

1　一九一八年ルヴフ――ポーランド人とウクライナ人

ポーランド問題のその後

まずはじめに、一九一八年一一月の第一次世界大戦終結にいたるまで、ガリツィアならびにロシア領ポーランドを走る東部戦線の展開を簡述し、次に、第1章で述べたポーランド問題とウクライナ問題が、いかなる形で解決されたのか、あるいは適切には、どのように解決されなかったのかを見ておこう。

第一次世界大戦が始まった一九一四年八月、オーストリア＝ハンガリー軍は押し寄せるロシア軍を前に敗走を重ね、同年末、ガリツィアのほぼ全域がロシア軍の手に落ちた。ガリツィアの夏は暑い。戦場では、死人と死んだ馬の腐臭がただよう。敗走中、負傷した兵士や、赤痢、疫痢、コレラなど、病にかかった兵士は置き去りにされた。この時点で、なお唯一オーストリア＝ハンガリー軍が死守するプシェミシルの要塞は、前線のロシア軍側後方に孤立し、ロシア軍に包囲されたまま年を越す。一九一五年一月二三日からオーストリア＝ハンガリー軍は、ドイツ軍の支援をえてプシェミシル要塞解放作戦を試みるが、成功せず、三月二二日、ついに要塞は陥落して、多数のオーストリア＝ハンガリー軍兵士がロシアの捕虜になった。

ガリツィアを失ったオーストリア＝ハンガリー軍は、ロシア軍がカルパチア山脈から一気にハンガリーに攻め下ることを恐れ、一九一五年一月から真冬のカルパチア作戦を展開する。しかし、三〇万人以上の戦死者を出したあげく、ロシア軍を押し戻すことができないまま、作戦は一九一五年三月末に終了した。大津留氏の『捕虜が働くとき』によれば、一九一四年冬時点でロシアの捕虜になったオーストリア＝ハンガリー軍兵士は二五万七〇〇〇人で、最終的には、捕虜の数は実に二〇〇万人を越えたという。

プシェミシルおよびカルパチアでの作戦失敗は、ガリツィアのオーストリア＝ハンガリー軍に壊滅的な損失を与えた。以後、オーストリア＝ハンガリー軍はほとんど独力で戦う戦力を失うが、これを救ったのがドイツ軍である（図24）。ドイツ軍は膠着状態に陥った西部戦線から東部戦線に目を転じ、ガリツィアにドイツ軍の精鋭部隊を投入して、一九一五年五月一日より、ドイツ・オーストリア＝ハンガリーの中欧同盟軍による反攻が開始された。六月三日にはプシェミシル（図25、図26）、六月二二日はルヴフを奪還し（図27）、九月末には元のオーストリアとロシアの国境まで、ガリツィア全域を取り戻す。その後、一九一六年六月四日から一〇月一七日まで続いたアレクセイ・アレクセーヴィチ・ブルシーロフ（一八五三～一九二六）将軍指揮下のロシア軍の攻勢や、ロシア二月革命後、一九一七年七月はじめの短期間、ケレンスキー*攻勢によって前線は小規模に移動したものの、ガリツィア情勢に大きな変化はなかった。

一九一五年夏、ロシア領ポーランド全域が中欧同盟軍の支配下に入り、ガリ

アレクサンドル・フョードロヴィチ・ケレンスキー
一八八一～一九七〇年。一九一七年ロシア二月革命によって成立した臨時政府に入閣し、後に首相の座についた。ドイツ、オーストリア＝ハンガリーに対する戦争継続を主張したが、ロシア軍は攻勢（ケレンスキー攻勢）に失敗、十月革命後、フランスに亡命した。

図24　1916年のドイツとオーストリア=ハンガリーの力関係を表す風刺画

右がドイツ皇帝ヴィルヘルム２世、左がオーストリア=ハンガリー二重帝国の老フランツ・ヨーゼフ１世。フランツ・ヨーゼフ１世は1916年11月21日、86歳の高齢で死去した。

(Hamann, *Der Erste Weltkrieg*, S. 122.)

図25　1915年６月、プシェミシル要塞を夜襲するドイツ・オーストリア=ハンガリー連合軍

(Hamann, *Der Erste Weltkrieg*, S. 81.)

図26　破壊されたプシェミシル要塞（1915年）

図27　1915年6月22日のドイツ・オーストリア＝ハンガリー連合軍によるルヴフ奪還を喜ぶ市民
スタニスワフ・レイハン画。ライプツィヒで発行された『挿し絵入り新聞』に掲載された。
(Historisches Museum der Stadt Wien, *Lemberg/L'viv 1772-1918*, S. 102.)

ツィアを含めてポーランドの東部戦線が安定した後、ポーランド問題は大きく動き始める。ドイツとオーストリア＝ハンガリーは、一九一六年一一月五日、二皇帝宣言を発し、立憲君主制にもとづくポーランド王国の復活を約束した。この約束においてドイツの意図は、新ポーランド王国をドイツの同盟国とし、王国のポーランド軍をドイツ軍に協力させること、露骨にいえば、ポーランド人を兵士としてドイツ軍に協力させることにあった。ドイツは一九一六年二月の西部戦線ヴェルダン攻防戦で多大な人的損害を出し、西部戦線で戦局を打開するには、一〇万人単位の新たな兵員が必要だったからである。ポーランド王国といっても肝心の国王が存在せず、国境も画定されなかったが、国王不在のまま一九一七年九月一二日、中欧同盟によってポーランド王国に摂政会議が設立され、立法府と政府の任命権が与えられた。

しかし、ドイツの意図が見え透く状況で、ポーランド人の募兵はまったくはかどらなかった。ドイツは、一九一八年三月、西部戦線で大攻勢を試みるが、七月には連合軍の反攻で戦線からの撤退を余儀なくされ、一一月一一日、ついに中欧同盟軍は第一次世界大戦に敗北した。同日ただちにワルシャワのドイツ軍は武装解除され、摂政会議はピウスツキをポーランド軍の最高司令官に任命する。そして三日後、解散した摂政会議にかわりピウスツキがポーランドの政治的全権を掌握したことは、第1章第1節の末尾で述べたとおりである。

ウクライナ問題のその後

こうしてポーランド問題が決着を見たのに対し、置き去りにされたのが東ガリツィアのウクライナ人の民族自決問題である。しかし、ここでも、すでに中欧同盟軍の敗色が決定的となった一九一八年一〇月、事態が動き始めていた。一〇月一六日、オーストリア＝ハンガリー二重帝国最後の皇帝カール一世は、「諸民族に対する布告」を発し、オーストリアをオーストリアの諸民族の連邦国家として再建すると宣言するが、この宣言は、事実上、多民族国家オーストリア帝国瓦解の合図となる。諸民族は、帝国の存続を前提とする皇帝の自治国家構想に満足せず、独立に向かって走り出した。東ガリツィアのウクライナ人もまた一〇月一八日、ルヴフで「ウクライナ民族評議会［略称ラーダ］」を立ち上げる。ラーダは、翌一九日の決議で、サン川以東の東ガリツィア、チェルニウツィ（ウクライナ語称、ドイツ語称はチェルノヴィッツ）を含むブコヴィナ北部、およびハンガリー北東部のウクライナ人居住地域を含む領域を「西ウクライナ」と定めた（図28）。ラーダは、この地域でウクライナ人による統治を実現するための機関とさ

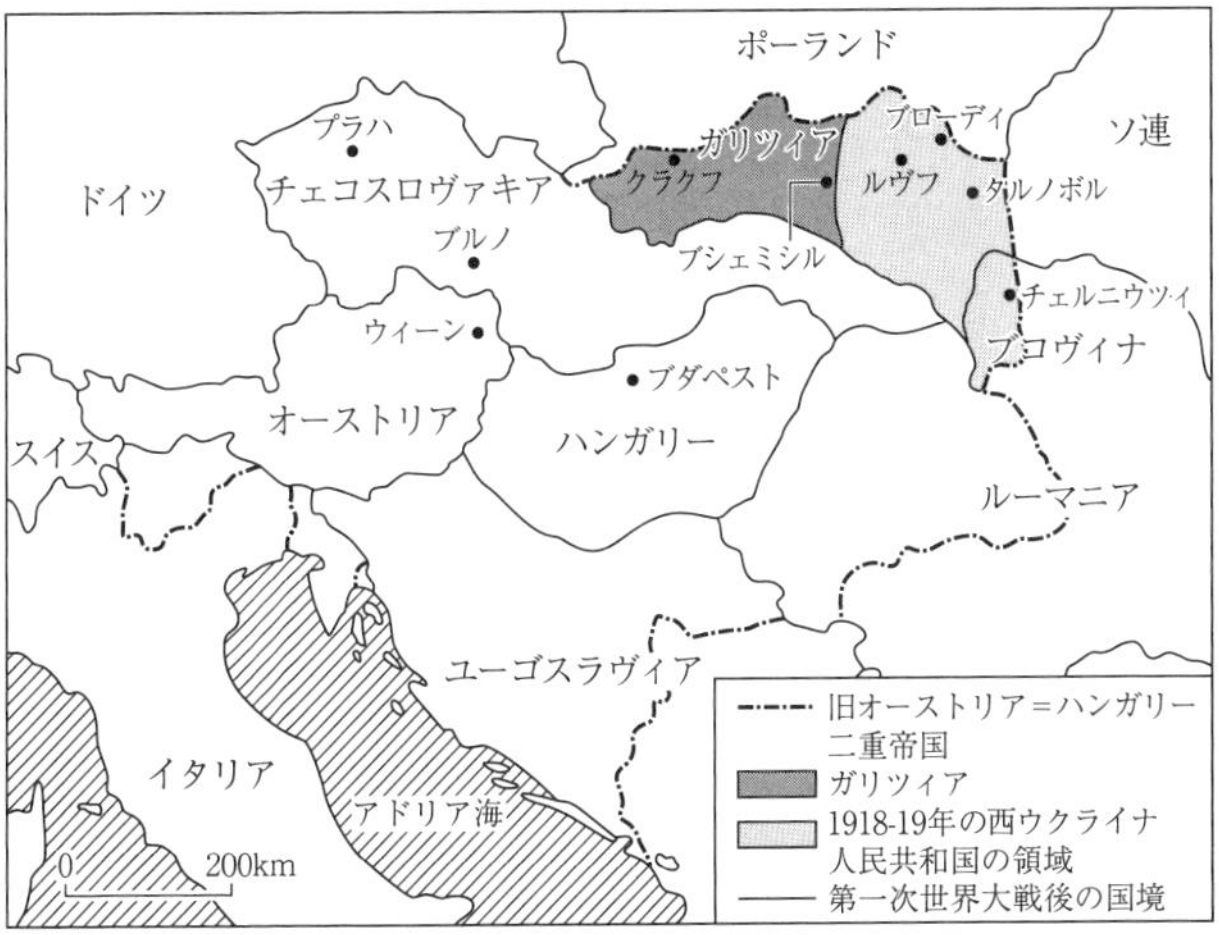

図28　旧オーストリア＝ハンガリー二重帝国と第一次世界大戦後の国境

れ、その構成員は、旧オーストリア帝国議会およびオーストリア帝国時代のガリツィア、ブコヴィナ州議会のウクライナ人議員全員、ウクライナ人政党の代表者、無党派の専門家、町や村から選出された代表者など総勢一五〇人である。まだ空席ではあったが、ラーダには領域内の少数民族のための席も用意されていた。

ところがここで、ウクライナ人がめざすウクライナ問題解決の前に立ちはだかったのがポーランド人である。ポーランド独立運動を担ってきた者にとって、旧オーストリア領ガリツィア全体が独立ポーランドの一部になることは自明だった。第1章第2節のルテニア人（ウクライナ人）の請願書でもいわれていたとおり、ガリツィアは一四世紀なかば以降、ごく短期間のハンガリーによる支配を除けば、一貫してポーランドの領土だったからだ。西ガリツィアのクラクフでは、ガリツィアでオーストリアにかわって政府の機能をはたすべき「ポーランド清算委員会」が設立される。清算委員会は、ガリツィアの州都ルヴフに活動拠点を移すことになっていた。

東ガリツィアは誰のものか。

ポーランド清算委員会が動き出すより早く、機先を制したのはウクライナ人側である。一一月一日の夜明け前、ルヴフに駐屯していた旧オーストリア＝ハンガリー軍のウクライナ人兵士が決起し、無血のうちにルヴフの主要な公共機関を占拠した。朝、目覚めたルヴフ市民が目にしたのは、市庁舎に翻《ひるがえ》る青黄のウクライナの旗である（図29）。兵士たちは、まだオーストリア＝ハンガリー軍の制服を着たままだったが、腕には、ウクライナのシンボル・カラー青黄の腕章をつけていた。ルヴフに、ほとんどがウクライナ人からなるオーストリア＝ハンガリー軍の部隊が駐屯していたことが決起を可能にし、さらに、ブコヴィナでウクライナ・シーチ射撃隊が存続していたこともラーダに幸いした。ラー

図29　ルヴフのリネク広場の市役所（1916年）
（Erdheim, *Lemberg, Lwów, Lviv 1880–1919*, Nr. 49.）

図30　リヴィウ（ルヴフ）郊外のリチャキウスキイ墓地内のウクライナ・シーチ射撃隊ならびにガリツィア・ウクライナ軍兵士の墓。2005年に写真のように整備された。
（2006年、著者撮影）

ダは一一月七日までに東ガリツィア、ブコヴィナ全域を押さえ、一一月九日、西ウクライナ人民共和国の樹立を宣言する。一三日には、憲法を制定してこれを国家の正式名称とし、その領土を決定した。ウクライナ・シーチ射撃隊は、ガリツィア・ウクライナ軍として再編された(図30)。

ウクライナ人の決起に対抗しようにも、一九一六年にオーストリア＝ハンガリー軍統率下のポーランド軍団が解体された後、オーストリア帝国内にはポーランド人のみからなる部隊は存在せず、ポーランド側は完全に出遅れる。しかし、もちろん、このまま引き下がるつもりはなかった。ピウスツキが率いるポーランドが最初にしたことは、東ガリツィアに出現したウクライナ人の国家を叩きつぶすことであり、勝敗はあっけなく決まった。ルヴフのポーランド人は、ワルシャワやクラクフから駆けつけた援軍をえて反撃を開始し、一一月二二日の夜明け、ルヴフから最後のウクライナ人兵を追い出すことに成功する。そして翌一九一九年七月には、ポーランド軍が東ガリツィア全域を征圧した。東ガリツィア領有をめぐるポーランド・ウクライナ戦争は、一九二〇年

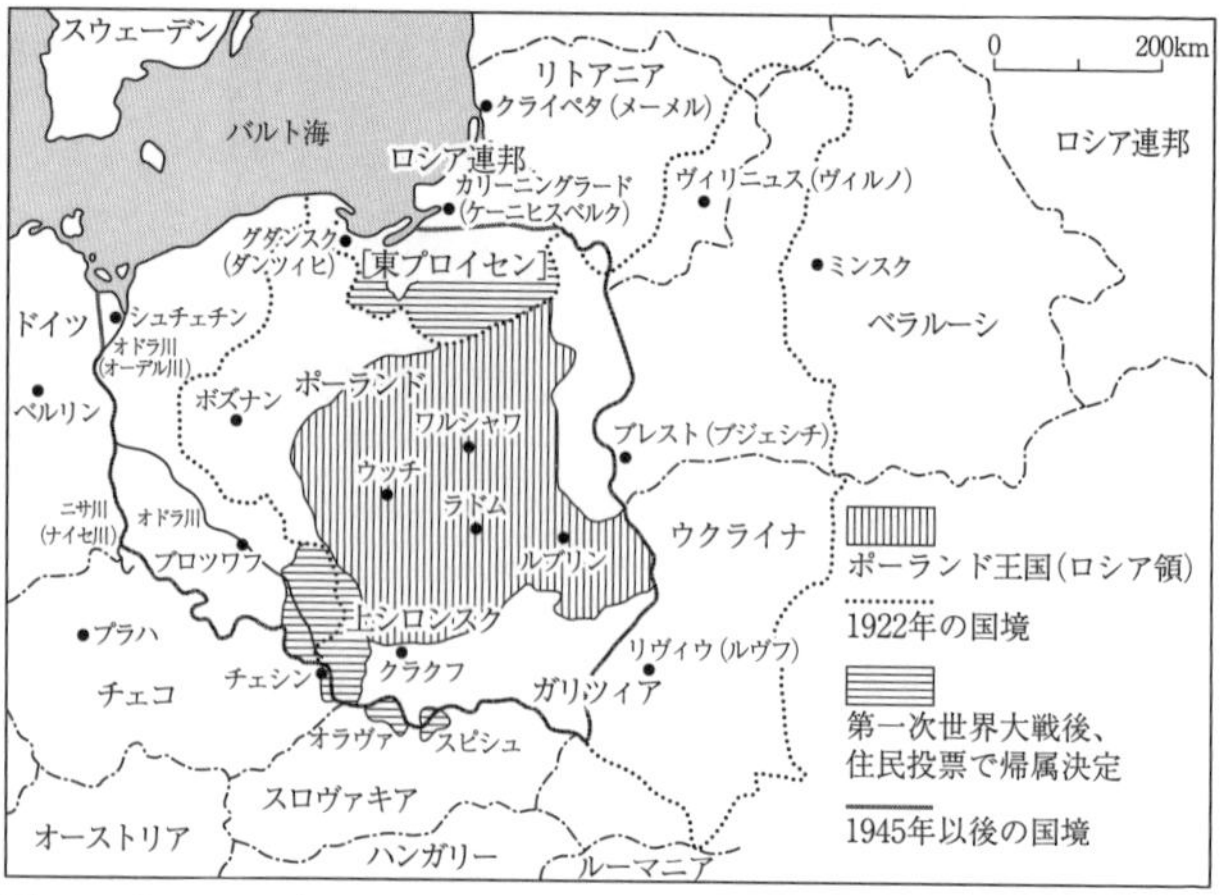

図31 ポーランド領土の変遷
(『東欧を知る辞典』新訂増補版、平凡社、2001年、629頁より作成)

四月から一九二一年三月のリーガ条約*調印まで続くポーランド・ソ連戦争の前哨戦だったといってよい。第一次世界大戦後の講和条約の履行を監視するために連合国が設置した代表者会議は、ポーランド・西ウクライナ人民共和国およびポーランド・ソ連のすべての戦闘が停止した一九二三年三月、最終的に図5のポーランド東部国境を承認した（図31参照）。

戦間期ポーランドのウクライナ人

ポーランド人とウクライナ人の戦闘は、第2章で見た民衆の意識にどのようなインパクトを与えたのだろうか。

西ウクライナ人民共和国は、ほとんど幻の国家のまま消えたが、一九一八／一九年の経験、およびその後の戦間期ポーランドでの経験は、東ガリツィアのウクライナ人のウクライナ・アイデンティティを飛躍的に高める一歩となる。これまでポーランド人の役人に頭を下げ続けてきたウクライナ人農民は、その行政府のあらゆる不完全さにもかかわらず、西ウクライナ人民共和国においてはじめて、ウクライナ人同胞の「お上」というものを見た。ルヴフ争奪戦敗北後、ラーダは一八歳から三五歳までのウクライナ人男性に動員をかけ、一九一九年はじめ、ガリツィア・ウクライナ軍は一〇万人の最大規模に達した。軍隊は、ウクライナ人に、自分の国家をもつとはどういうことかを教える学校となる。東ガリツィアのウクライナ人農民のあいだには、ポーランド人の地主や役

リーガ条約
一九二〇年四月、国境確定をめぐりポーランドとソ連のあいだで始まった戦争は、一〇月に戦線が膠着、翌年三月一八日、リーガで講和条約が結ばれて終結した。その結果、現在のベラルーシの西半分および西ウクライナがポーランドの国土に含まれ、国境は民族の境界線から大きく東にずれることになった。

人に対する積年の反感が燻《くすぶ》っていたが、彼らはその反感を民族対立、民族自決という言葉で根拠づけ、説明する術を学んでいった。

さらに、一九一八年一一月の独立騒動に対する懲罰といわんばかりの戦間期ポーランドのウクライナ人抑圧政策は、ウクライナ人のポーランドに対する敵意を強める方向に働く。

第一次世界大戦後に独立を回復したポーランドは、ウクライナ人やユダヤ人、ベラルーシ人、ドイツ人など、少数民族が全人口の約三割を占める多民族国家だった。一九一九年六月二八日に連合国とポーランドのあいだ交わされたポーランド条約の第一部で、連合国はポーランドに対し、これら国内少数民族の権利保護を求める。この第一部は、一般に「マイノリティ条約」として知られ、ポーランドに続き、連合国が東中欧の新独立国と交わした条約のマイノリティ保護条項のモデルとなったものだ。一九二三年三月の連合国によるポーランドの東ガリツィア領有承認も、そこでウクライナ人少数民族の権利が尊重されることを前提としていた。ところがポーランドは、保護条項の実現にはじめから消極的だった。ポーランドはポーランド人の国家であり、保護条項は、そのポーランド人の意思に反して連合国から押しつけられたというのである。旧オーストリアでは、ウクライナ人の児童が多数いる地域では、ウクライナ語による初等教育を受ける権利が保障されていたのに対し、ポーランド政府は、学校制度の改変によってウクライナ語教育校を激減させ、ウクライナ語による文化活動を行う権利も実質的に剝奪した。ウクライナ人の権利は、旧オーストリア時代より明らかに後退する。ウクライナ人は、彼らが多数を占める東ガリツィアにあって、役所や警察、郵便、鉄道など、公務員のポストから閉め出され、こうした二級国民扱いに抗議しても、役所の窓口であびせられるのは、「おまえたちは敗北者だ」という返事だった。

ポーランド人口が希薄な東ガリツィアをポーランド化するため、農村ではポーランド人農民の移住も促進された。しかし、先取りしていえば、ポーランド民族主義の先兵よろしく東ガリツィアに送り込まれた農民の末路は悲劇的である。第二次世界大戦末期に、ウクライナ独立をめざすウクライナ民族主義者の戦闘組織「ウクライナ蜂起軍」は、東ガリツィアで対独、対ソのパルチザン闘争を展開するが（「おわりに」を参照）、そのかたわら蜂起軍は、これら農村部のポーランド人集落を襲い、ポーランド人を追放あるいは殺害していった。かつてのポーランド人の懲罰は、新たなウクライナ人の報復を引き起こし、両者の関係は、ずたずたに引き裂かれていった。

一八七八年にドイツ領ポーランドのシュチェチン（ドイツ語称シュテッティン）で生まれ、一九一一年から精神科医院を営むのと並行して文学的創作活動を続けていたユダヤ人アルフレート・デブリン（一八七八〜一九五七）は、一九二四年九月末から一一月末までの約二ヶ月間、ドイツの書店Ｓ・フィッシャーから資金をえてポーランドの各都市を旅行し、一〇月末にルヴフを訪問した。

旅行中の見聞をまとめた『ポーランド旅行』(一九二五年)でデブリンは、「ウクライナ人の民族意識の高揚は、戦闘において、まさにいまはじめて始まったところだ。ところがポーランド人は、ウクライナ人を怒らせ、悲しませることにも、これを抑制し、それどころか否定しようとさえしている」と述べる。ポーランドの政治家は、少数民族の言うことなどいちいち聞いていられない、国家は道路を造り、湿地を改良しなければならないのだから、と言う。しかし、デブリンに言わせれば、ロシアがポーランドを支配していたとき、ロシアはポーランド人に対してこれと同じようなことを言ってきたのではなかったか。

占領、それは、自分の国にいながら抑圧されていること、異邦人であることと同じように思われる——ここ[ルヴフ]を歩き回っていると、それが痛いほど感じられるが——これほどやりきれないことはない。自由こそ、必要不可欠な「日常」だ! 自由は政治的美辞麗句にあらずして、生きるために必要な空気のごとく現実的で、必然的なものであり、幹線道路や湿地の干拓より重要なのだ。奴隷にされた人間や、自分は奴隷だと感じている人間は、死にゆく人間、息が詰まった人間だ。彼らに幹線道路など、何の役にも立たない。

ポーランド人は、このような国家を建設したいと望んでいたのか? そうではあるまい。かつて彼らの四肢はばらばらだったが、彼らはひとつの民族だった。

互いに愛しあい、求めあった。彼らは、自分自身に、両親に、祖父母に誇りを感じていた。彼らは、人間であればそうであるように、みずからの誇りを表明したいと、明るみに出たいと願っていた。彼らの心は国家を求めた。いま、彼らは国家をもっている。ところが、国家が彼らの民族性に毒を流し込んだ。国境が、彼らに悪しき作用をおよぼしている。彼らは、分を越えてしまった。革命家が、権力を握ったとたん暴君になるように。

2　ハプスブルク神話

一九一八年一一月ルヴフのポグロム

夫人、タマラ・ドイッチャーによれば、マルクス主義者として、みずからを「非ユダヤ的ユダヤ人」と称した文筆家アイザック・ドイッチャー（一九〇七〜六七）は、ガリツィアでの少年時代を回想し、「私は、ポーランドが再生したまさに最初の週に三つのポグロムを体験した。これが、ポーランド独立の暁にわれわれが受けた仕打ちであった」と語ったという。

第１節で述べた一九一八年一一月のルヴフ争奪戦において、ポーランド人とウクライナ人のはざまに立たされたのがユダヤ人である。一九〇〇年のルヴフの宗教別人口は、ローマ・カトリックが七万八七五三人（五二・七パーセント）、ギリシア・カトリックが二万四七七八人（一六・六パーセント）、ユダヤ教が四万三四一二人（二九パーセント）、その他が二六〇八人（一・七パーセント）という構成であった。ローマ・カトリックの信徒とポーランド人、ギリシア・カトリックの信徒とウクライナ人、ユダヤ教の信徒とユダヤ人がほぼ重なり、ユダヤ人口は、街の総人口約一五万人の三分の一弱を占める。そのユダヤ人がポーランド側につくのか、ウクライナ側につくのか、両陣営にとってどうでもよい問題ではなかったはずだ。それだけにいっそう危険を感じたユダヤ人の代表者たちは、街にウクライナの旗が翻《ひるがえ》った一一月一日の午後、日頃の党派的対立を越え、全員一致で中立を守ることを決定した。決定は、ただちにルヴフのユダヤ人住民に伝えられ、さらにポーランド語とウクライナ語で公表された。ユダヤ人代表者たちは、街のウクライナ人部隊の司令部と、急遽、編成されつつあったポーランド人部隊の司令部に使者をおくり、ユダヤ人の中立と、戦闘中、ユダヤ人の生命と財産を守るため、武装したユダヤ自警団を結成することに関して了解を取りつけた。

東ガリツィアで、ユダヤ人が政治的支配者になることはありえない。いずれの陣営が勝者になろうと、与えられた状況下で生きてゆくしかないユダヤ人にとって、中立以外の選択肢があっただろうか。しかし、ユダヤ人側の中立の意思にもかかわらず、不運な事態は防ぎようがなかった。戦闘中、混乱に乗じてユダヤ人の住居や商店を狙った略奪行為がいたるところで発生し、そのたびにユダヤ自警団が出動して略奪者どもの撃退にあたったが、その略奪者どもが、たんなる街のならず者なのか、それともポーランド人部隊の兵士なのか、時としてその区別は曖昧だったからだ。ルヴフでポーランド人部隊編成のイニシアティブをとったのはポーランド人の学生たちだったが、先に述べたように、ルヴフに駐屯していたオーストリア＝ハンガリー軍部隊はほとんどがウクライナ人兵からなり、ポーランド側には、部隊を編成しようにも、身近にまともな訓練を受けた兵士はいなかった。そのため、とにかく数を確保しようと街でかき集められた志願兵のなかには、オーストリア＝ハンガリー軍司令部撤退にさいして刑務所から解放されたり、脱走したりしたならず者も少なからず含まれていた。彼らは、戦闘のあいだ、チャンスさえあれば略奪をほしいままにし、ユダヤ自警団が発砲した相手とは、しばしば、ならず者にして、同時にポーランド人部隊の兵士でもあったのだ。ユダヤ人の自衛行為は、ポーランド側には中立違反となる。

一一月二二日、最後のウクライナ人兵士が街を出た後、ポーランド人兵士を先頭に、街のポーランド人住民多数も加わり、「ポーランドを裏切ったユダヤ人」に対して二日にわたる報復のポグロムが執行される。兵士たちは、口々に叫んだ。

おまえらユダヤ人は、ポーランド人に向かって発砲し、われら戦士たちに熱湯や灰汁を注ぎかけ、毒入りのタバコを売りつけた。そして、ウクライナ人には数百万の金を与えたのだ。おまえらはポーランドの敵だ。ポーランド人は、もはやユダヤ人に我慢がならない。今日おまえらには、みな死んでもらう。(Josef Bendow (pseud), *Der Lemberger Judenpogrom*, Wien/Brünn 1919, S. 34.)

ユダヤ人街に火が放たれたが、消防隊は出動せず、一帯は地獄とかす。犠牲者数については諸説あるが、最も控えめな数字をあげれば、翌年一九一九年一月までに判明した犠牲者は、死者七二名、負傷者四四三名、火災にあった建物は三八棟で、そのうち二八棟は完全に消失した。オーストリア領時代、ポグロムは野蛮なロシアの出来事のはずだった。

ユダヤ人側の証言によれば、ユダヤ自警団が意図的にポーランド人兵士に向かって発砲したという非難は事実に反し、戦闘中、彼らは完全に中立を守った。一一月末にポーランド政府が派遣したポグロム調査団も、彼らの証言を否定する事実は確認していない。ところが、戦闘中から、兵士のみならず、街のポーランド人のあいだでもユダヤ人の裏切りが確信され、裏切りに対する報復が公然と語られていた。ポーランド人にとって、ガリツィア全体がポーランドに帰属することは自明であり、そもそも、そのガリツィアでユダヤ人がポーランド人の側に立たず、中立を表明すること自体がすでに裏切りだ、というのだ。ポーランド王国時代もオーストリア領時代も、ポーランド人がガリツィアの政治的、経済的支配者であったあいだ、ユダヤ人はつねにポーランド人に忠実であった。それが、ウクライナ人がルヴフで旗を掲げたとたん、どちらの陣営につくべきか様子を見ようというのか。街のポーランド人は言い合った。

> ユダヤ人はいつだって多数者側につくんだ。いまに奴らに思い知らせてやる。ユダヤ人は、いまはウクライナ人側についているが、その次は、また、われわれの側につきたいと言うだろう。だが、われわれは、奴らを犬ころのように追っ払ってやる。(Bendow, a. a. O., S. 15f.)

戦間期ポーランドのユダヤ人

第一次世界大戦直後の混乱期にポグロムが発生したのは、ルヴフだけではない。一九一八年秋から一九一九年一月にかけて、ガリツィアおよび旧ロシア領ポーランドの全域で、ユダヤ人に対するポグロムや、何らかの暴行事件が発生した町や村は一三〇を越える。冒頭で引用したドイッチャーが生まれた西ガリツィア西端の町フシャーヌフも、ポグロムが発生した町のひとつである。もちろんルヴフのポグロムと、フシャーヌフのような田舎町のポグロムを同レベルで語ることには慎重でなければなるまい。ルヴフには、ポーランド軍団やウクライナ軍団にはせ参じるような学生の学ぶ大学があり、ポーランド人側でも、ウクライナ人側でも、あらゆる政治的党派の本部や支部が集まっていた。このような民族意識の先頭に立つ都市は別格として、田舎町や村のポグロム仕掛け人の頭に、ポーランド国民国家におけるポーランド人とユダヤ人の「民族的」対立など、第一次世界大戦が終了した時点でどれほど明瞭に意識されていたのか。第2章で見たように、民衆の意識をはかるには注意が必要だ。

　西ガリツィア生まれのドイッチャーや、あるいは東ガリツィアの市場町シニャーティンで生まれたヨアヒム・シェーンフェルト（一八九五〜?）の『シュテットル*の思い出』（一九八五年）が等しく回想しているように、彼らの子供時代、町で市《いち》の立つ日は、きまって「ユダヤ人との闘争」の機会になったという。市に集まった農民たちは、自分たちの農作物を売り、それで、ユダヤ人商人に対してため込んだ未払い金や、ユダヤ人の居酒屋で飲んだくれた酒代のつけを払うのだが、「闘争」で、そうした未払い金を棒引きにするのが常だった。ナイフや大鎌、棍棒、鞭が振り回され、居酒屋からウォッカや自家製蒸留酒が勝手に持ち出された。しかし、彼らの乱暴狼藉も、警察隊が到着するまでだ。騒ぎの翌日には、農民たちはまたユダヤ人商人のお客となり、酒を求めてユダヤ人の居酒屋のテーブルに座った。農民もユダヤ人も、互いに相手がいなければ生活が成り立たず、こうした持ちつ持たれつが、何世代も続いたガリツィアの田舎町や村の日常だった。

　しかし、西ウクライナ人民共和国がウクライナ・アイデンティティを教える学校になり、ウクライナ人・ポーランド人関係やウクライナ人・ユダヤ人関係

シュテットル
シュテットルはイディッシュ語で小さな町を意味するが、たとえばシュペルバーが生まれたザブウォートゥフやシェーンフェルトが生まれたシニャーティンなど、とくに東中欧の農村部に点在して、ユダヤ人の商人や職人が集まり住む田舎町のことをいう。

を語る言葉を変えていったように、ポーランド国家の再興は、ポーランド人とユダヤ人の関係のあり方も変えていった。ドイッチャーによれば、一九一八年のポーランドのポグロムがそれまでの「闘争」と違っていたのは、キリスト教会でポーランド愛国が農民たちの頭のなかに吹き込まれ、ポグロムに愛国の熱情が一枚加わったことだった。そして、かたやユダヤ人の方は、ポーランド人農民が愛する独立ポーランドは、農民と同等に自分たち少数民族を愛しはしないことを知った。

先に述べたようにポーランドは、多民族国家オーストリアの崩壊後、東中欧に出現した小多民族国家であった。しかし、ポーランド政府は、ポーランド条約のマイノリティ保護条項は連合国によるポーランドの国家主権の侵害であり、それをポーランドに押しつけたのはパリのユダヤ・ロビーの仕業だといって憚《はばか》らず、ついに一九三四年、国際連盟に対し、マイノリティ保護条項の無効を一方的に通告する。それでもなお、ポーランドの諸民族の融和を唱えたピウスツキのカリスマ的指導力が保たれていたあいだ、過激な反ユダヤ主義行動は抑えられていたが、一九三五年にピウスツキが死ぬと、そのたがもはずれた。

一九二九年の世界恐慌は、ポーランドにも容赦なく襲いかかり、ポーランド経済にとって頼みの綱であった農産物輸出は激減する。一九三〇年代前半のポーランドの失業率は、都市部で約三五パーセント、村落部では五〇パーセントに上った。二〇世紀はじめのポーランドは、ヨーロッパで最大の移民送り出し国のひとつであったが、世界恐慌による不況で、一九二〇年代に移住した者がポーランドに帰国し、失業者の増加に拍車をかけた。一九三〇年代前半には、毎年、帰国者が新移住者を上回った。

ポーランドにユダヤ人のための居場所はない。

ポーランドで反ユダヤ主義者のスローガンが切実な説得力をもち始めるのは、一九三〇年代に入ってからである。ポーランドの農村は慢性的な人口過剰問題を抱えていたが、この過剰な農業人口を都市部に吸収するためには、圧倒的に都市部に集中するユダヤ人口を排除する必要がある。これが反ユダヤ主義者の論理だった。第二次世界大戦中のナチ・ドイツの「マダガスカル計画」は、ホロコースト研究者のあいだではよく知られている。フランスから植民地のマダガスカル島を割譲させ、そこへナチ支配下のユダヤ人を大量移送しようという荒唐無稽な計画だが、マダガスカル計画の最初の模索者はポーランドである。ポーランド政府は、一九三七年五月、マダガスカル島への入植可能性を調査するため、フランス政府の同意をえて、現地に三名からなる調査団を派遣した。しかし、調査団がもち帰った結論は、政府にとって芳しいものではなかった。マダガスカル島が受け入れ可能な入植者数について、三名の判断は大きく異なるが、最も楽観的なもので五〇〇〇から七〇〇〇家族、悲観的な観測によればせいぜい五〇〇家族というのだ。いずれにせよ、この人数では、ポーランドの三〇〇万のユダヤ人問題の解決策にはならない。一九三八年が明けるころ、ポーランド政府内で、この馬鹿げた計画を口にする者はいなくなった。

しかし、マダガスカル計画はポーランドのマスコミを賑わせ、「パレスチナへ帰れ！」と同様、「マダガスカルへお行き！」は、巷《ちまた》でユダヤ人にあびせられる格好の罵声語になった。あたかもユダヤ人がいなくなればポーランドが抱えるあらゆる困難が解決されるかのように、ユダヤ人はポーランドから出ていってほしいという願望は、ポーランド国民に広く共有された。ピウスツキの死後、街頭でのユダヤ人に対する暴力沙汰は日常茶飯事となる。大学では、高等教育機関からのユダヤ人の排除を求める学生たちが、剃刀の刃をつけた杖や棍棒でユダヤ人学生を襲った。

私は小部屋はだめなのだ

古きよきオーストリアへの郷愁。ロートは、一九三四年、『皇帝の胸像』という小品で、東ガリツィアのロパティーヌィ村に住むポーランド貴族の末裔フランツ・クサーヴァー・モルスティン伯爵の口を借り、いまはなきオーストリア帝国への思いを語っている。一九二〇年にウィーンからベルリンに活動拠点を移していたロートは、一九三三年のヒトラーによる政権掌握の直前にドイツを去り、一九三四年当時、すでにパリで亡命の身であった。作品中、モルスティン伯爵は、家系をたどればイタリア出身で、ポーランドに移住してきた貴族の末裔だが、自分をポーランド人ともイタリア人とも考えず、ヨーロッパ中に友人と親戚をもつ超国家的人間だと考えていた。しかし、伯爵は、オーストリアが滅びてしまったいま、自分のような超国家的人間に居場所はないという。

〔第一次世界大戦の前〕伯爵は、誰の目にも、もっぱら「民族問題」反対闘争に情熱を注いでいた。そのころ君主国では、この、いわゆる「民族問題」なるものが激しさを増し始めていた。誰もが——望んで、あるいは望んでいるかのようにそうすることを迫られて——古き君主国の領域内に存する数多くの民族のどれかに帰属を表明した。周知のように一九世紀になって、個人が実際に市民として認知されたければ、特定の国民ないしは民族に帰属しなければならない、ということが発見された。オーストリアの詩人グリルパルツァー〔フランツ・グリルパルツァー一七九一〜一八七二〕は、「人間性〔Humanität〕から民族性〔Nationalität〕をへて獣性〔Bestialität〕へ」と言った。まさに当時、今日《こんにち》われわれが経験している獣性の前段階である「民族性」〔の時代〕が始まっていたのだ。

〔第一次世界大戦後の〕いま、まわり中、いたるところで新しい祖国が云々されている。その者たちの目に映る私は、いわゆる「祖国なき者」だ。私は、いつだってそうだった。ああ！　だが、かつては祖国があった。本物の、つまり「祖国なき者」にとっての祖国が、唯一ありうる祖国が。古き君主国こそ、それだ。いま、私は、永遠の放浪者にとっての真の故郷を失った故郷なき者である。

人々は、むなしく、いわゆる民族の美徳を求めているが、そのようなものは個人の美徳よりもさらに疑わしい。だから私は、民族とか、民族国家を憎むのだ。私の古き故郷、かの君主国だけが、多種多様な人々のために多くの扉と多くの部屋をあわせ持つひとつの大きな家だった。その家が分割され、切り裂かれ、うち砕かれた。もはやそこには、私が求めるべきものはない。私は、家に住むことには慣れているが、小部屋はだめなのだ。

「大きな家」を統べていたのは、諸民族に超越して君臨した君主だが、この古き君主国を諸民族の平和的共存が実現していた理想郷とみなすハプスブルク帝国の神話化は、とりわけロートや、フランツ・ヴェルフェル（一八九〇～一九四五）、シュテファン・ツヴァイク（一八八一～一九四二）ら、オーストリアのユダヤ人作家のあいだで見られた現象である。彼らの生没年月日を見れば、彼らは、青春時代にオーストリア帝国末期の日々を経験し、その後、人間にとって最も重要なものが「人間性」から「民族性」へと転換させられた世界を目の当たりにした。そして最後に、「民族性」が「獣性」の域に達したナチに追われ、亡命地で死んだことがわかる。モルスティン伯爵のような者たちにとって、小部屋の集まりである国際社会は、大いなる家の代替にはならなかった。

一九一八年一一月のルヴフのポグロムは、国際的非難を巻き起こした。ポグロムは、一部のユダヤ系新聞で、犠牲者は二〇〇〇人から三〇〇〇人、いやそれどころか八〇〇〇人から一万人という推定まで添え、大々的に報道されたからである。当初、非難の声の大きさに当惑したポーランド政府は、やがてポーランドのユダヤ人に警告する。ユダヤ新聞が、不当にも世界に向かってこれ以上ポーランドを中傷し続けるなら、政府は、怒りに駆られたポーランドの民衆がユダヤ人に対して本物のポグロムを仕掛けても、それを押しとどめることはできないと。ポーランド政府は、ユダヤ人がポグロムの犠牲者数を誇大に報道し、それによってポーランドの国際的信用を貶めようとはかっているというのだ。国際世論がポグロム被災者に同情をよせてくれても、それがポーランド政府や民衆の反感を強めるのであれば、ポーランドに住むユダヤ人の将来にとって、同情はかえって災いとなるだろう。

個人の生命の安全は、個人が特定の国家で、その国家の同等な市民と認められてはじめて具体的に保護される。ハンナ・アーレント（一九〇六〜七五）の『全体主義の起源』（一九五一年）は、決して読みやすい本ではないが、そのなかで、少数民族と無国籍者の人権問題を論じた「国民国家の没落と人権の終焉」は、比較的よく引用される一章である。

人権は、「不可譲」の権利であるとされてきた。なぜなら人権は、あらゆる政府から独立した権利であると考えられたからだ。ところが、いま明らかになったことは、人が自分の政府を失い、人間の最低限の権利しか頼るものがなくなった瞬間に、いかなる権威もその権利を保護する用意がなく、いかなる機関も、その権利を保障する気がなかったということである。

第一次世界大戦は、東中欧のユダヤ人にとっては、彼らのディアスポラ社会の終わりの始まりとなった。

おわりに——未完の戦争

ガリツィアのその後——住民交換・住民追放・ホロコースト

再びモルスティン伯爵に姿をかりたロートの声に耳を傾けよう。

［戦争が終わった後、しばらく村を出ていた］伯爵が帰ってくると、村人は、以前と同じように伯爵を出迎えた。戦争や、君主国の崩壊や、新しいポーランド共和国の設立など、何もなかったかのように。

それもそのはず、民衆も（「国民」も）自分たちと同様、世界政治に強い関心をもっているはず、などというのは、新しい政治家の——あるいは当人たちの好みの呼び名にしたがえば——近代的政治家たちの途方もない思い違いだからだ。

民衆は世界政治で生きているわけではなく、この点で、好ましくも政治家とは区別されるのだ。民衆は、自分が耕す土地で、自分が営む商売で、自分が身につけた手職で生きている。（とはいえ、選挙で投票し、戦争で死に、税務署で税を納めはするが。）いずれにせよ、モルスティン伯爵の村ロパティーヌィではそうなのだ。世界戦争にまつわるすべても、ヨーロッパの地図の塗り替えのどれも、ロパティーヌィの民衆のものの考え方を変えることはなかった。どうして？　なぜ？　ユダヤ人の居酒屋やルテニア人あるいはポーランド人の農民の健全な理性が、世界史の訳のわからぬ気まぐれに抵抗するのだ。世界史の気まぐれは抽象的だが、民衆の好き嫌いは具体的である。……ハプスブルク支配下にあってロパティーヌィの人々は、幸せなときもあり、不幸なときもあった――それも神のご意志にしたがってのこと。世界史とか、共和国や君主国とか、いわゆる民族独立や、いわゆる民族抑圧とかの転変とは無関係に、人間の生活にはいつも豊作や不作がある。実りのよい果実や腐った果実、多産な家畜や病気の家畜、肥えた牧草地や痩《や》せた牧草地、時宜をえた雨やそうでない雨、恵み豊かな太陽もあれば、旱魃《かんばつ》や災害をもたらす太陽もある。ユダヤ人の商人にとって、世界はよい客と悪い客でできており、居酒屋にとっては、酒飲みと下戸からできている。また職人にとって重要なのは、人々が新しい屋根や、新品の長靴、新品のズボン、新しい暖炉、新しい煙突、新しい樽を必要としているかどうかである。先に言ったように、少なくともロパティーヌィではそうだった。

東ガリツィアにかぎらず東中欧では、言語や宗教の異なる諸民族の居住地が複雑に入り組み、いわゆる民族文化といわれるものも、他民族の文化から不断の創作的刺激を受けて純血ではありえない。人々は改宗や結婚等によって民族の壁を越え、個人のなかに複数の民族的アイデンティティが折り重なるのは珍奇なことではなかった。しかし、素朴な民衆の混沌として重層的なアイデンティティも、彼らがそれを自覚的に肯定する言葉をもたず、複数の民族が同じ地域を共有して暮らすあり方も、人々が自覚してそれを肯定的に維持する論理と努力をともなわなければ、外からやってきた民族主義を前に、もろくも崩れ去る。

東中欧の体制転換後、それまで鉄のカーテンに阻まれていたガリツィアの調査旅行や、文書館での史料研究も容易になり、かつて多民族混住時代のガリツィアがもっていた豊穣な人的、文化的多様性の再発見、再評価が進んだが、そのさい、素朴な「多民族共生」の神話化には慎重であるべきだろう。第一次世界大戦後、東ガリツィアにもちこまれた民族自決主義は、モルスティン伯爵の願望にもかかわらず、世界史から遠いところで生きてきたロパティーヌィの村人にも、「はじめに」で取り上げた『地の塩』のピョートル・ニェヴャドムスキのような、民族意識と民族意識のあいだに敷かれた敷居の上に立つ者たちにも、もはや無関係ではありえなかった。ニェヴャドムスキは、ニェヴャドムィ（未知の、不明の）というポーランド語形容詞の人名形で、あえて訳せば、ピョートルの姓は「名無し」である。民族主義は名をもたぬ状態を許さず、各自に、あれか、これかと、民族的帰属意識の明確化を迫った。あるいは孤立言語である日本語を母語とする現代の私たちは、他言語の習得に苦労し、コンプレックスが強いせいか、とかくポリグロットであることを賞賛し、羨みがちだ。しかし、かつてのガリツィアにもどれば、これも要注意である。ニェヴャドムスキはポーランド語とウクライナ語を話すということになっているが、これが東ガリツィアのユダヤ人なら、家ではイディッシュ語を話し、一歩外に出れば、商売相手に応じて、ポーランド語、ウクライナ語、ロシア語、ドイツ語と使いわけることなど普通だった。だからこそユダヤ人は、ポーランド人、ウクライナ人、ロシア人、ドイツ人から蔑まれ、怪しまれ、あらゆる民族のはざまにあってあらゆる民族にとっての第五列と見なされたのである。

ガリツィアのその後を追えば、一九一八年に火がついたウクライナ民族運動は、ポーランド政府の抑圧政策にまさしく比例して、戦間期を通じて激化する。ウクライナ独立の夢がついえた後、早くも一九二〇年九月のルヴフでウクライナ民族主義者たちは、独立闘争継続のため「ウクライナ軍事組織」（略称UVO）を結成する。UVOは、一九二一年七月にガリツィア出身のイェフヘン・コノヴァレツ（一八九一～一九三八）を指導者に迎えると、ポーランドの要人や公共施設を狙ってテロ活動を開始した。未遂に終わったとはいえ、同年九月二五日にはじめてルヴフを公式訪問したポーランドの国家主席ピウスツキもテロの標的となった。驚いたポーランド政府が取り締まりを強化したため、UVOの指導者たちは地下に潜ることを余儀なくされたが、外国に亡命したコノヴァレツは、一九二九年のウィーンで、UVOその他のウクライナ民族主義者の諸組織を統合して「ウクライナ民族主義者組織」（略称ＯＵＮ）を立ち上げる。第二次世界大戦の直前で、メンバーは推定二万人であった。

ＯＵＮは、ポーランドからも、モスクワを中心とするソ連からも独立したウクライナ人の独立国家をめざした。一九三九年九月一日に第二次世界大戦が始まると、開戦に先立ち八月に調印された独ソ不可侵条約の秘密議定書にもとづき、ソ連とドイツは東西からポーランドに侵攻して、ポーランド分割を完了する。東ガリツィアはソ連の支配下に入り、一九三九年一一月一日、ソ連のウクライナ共和国に統合された。これによってポーランド人の東ガリツィア支配は終わったが、もとよりソ連への統合はＯＵＮの最終目標ではなかった。一九四五年の第二次世界大戦終結で、ポーランドとソ連の新国境が図31のように画定すると、戦争中、西ウクライナを中心に、ドイツ軍とソ連の赤軍の双方に対してパルチザン戦を挑んでいたウクライナ民族主義者の戦闘組織「ウクライナ蜂起軍」（略称ＵＰＡ）は、今度はソ連に標的を絞って闘争を継続する。ソ連の当局によってＵＰＡがほぼ殲滅《せんめつ》されるのは、一九五四年ごろのことである。

一方、一九四五年のポーランドとソ連の新国境（図31）で、それぞれの国境の外に取り残されることになったポーランド人とウクライナ人は、ポーランドとソ連の住民交換の取り決めにより、一九四五年から四六年にかけて、ポーランド人はポーランドへ、ウクライナ人はウクライナへと、自分たちの民族名を冠した国家に移動した。さらにポーランドの共産党政権は、ボイコ人やレムコ人[*]を含め、住民交換後になおポーランド南西部に残っていたウクライナ系住民に対し、一九四七年、「ヴィスワ作戦」を執行する。彼らは徹底的に小集団にわけられ、ポーランド国内で分散強制移住させられた。作戦の目的は、旧東ガリツィアがそうであったように、彼らが領域的まとまりをもつ少数民族集団になるのを防止することだった。彼らのおもな移住先となったのは、第二次世界大戦後のドイツとポーランドの国境変更でドイツ人が追放され▼、空き地が生じたポーランド西部や北部地域である。

　こうして、第二次世界大戦後の国境の引き直しと住民交換、住民追放により、第1章で述べたポーランド問題とウクライナ問題は最終的に解決された。ユダヤ人という、東中欧で領域的解決のしようがない少数民族問題についていえば、それがホロコーストによるユダヤ人ディアスポラ社会の消滅によって解決をみたことは、説明を要しまい（図32、図33）。さらにユダヤ人社会の消滅は、戦後ポーランドの反ユダヤ的暴力によってその完成度を増す。

　一九四四年が明けると、西進するソ連軍により、順次、東部地域よりナチ・ドイツの支配から解放されたポーランドでは、同年一一月四日、ホロコーストを生き残ったユダヤ人の生活再建を援助する組織として「ポーランド・ユダヤ人中央委員会」が設立された。一九四五年六月段階で中央委員会が把握していたポーランドのユダヤ人は、わずかに七万四〇〇〇人である。その後、ソ連奥地に逃れてナチ・ドイツの魔手を免れたユダヤ人がポーランドに帰還し、一九

ボイコ人／レムコ人
フツル人と同様、ウクライナ系の少数民族で、レムコ人はおもにカルパチア山脈の西部に、ボイコ人は中部に居住する。

▼本書ではほとんど言及しなかったが、中世以来繰り返されたドイツ人の東方植民の結果、東中欧には、ドイツ語を話す人々あるいはドイツ系の人々が居住する地域が小島のように点在していた。ナチ・ドイツは、彼らを「民族ドイツ人」と呼び、第二次世界大戦開戦後、彼らのドイツ本国への移住（ナチ用語では「回収」）を促進した。第二次世界大戦でドイツが敗北し、ドイツ・ポーランド国境が西へと大きく移動すると、東中欧に残留していたドイツ系住民および国境の移動でポーランド領域に取り込まれたドイツ人のほとんどがドイツに向かって逃走、あるいは追放された。これらによって、ユダヤ人ディアスポラ社会と同様、東中欧のドイツ系ディアスポラ社会もまた消滅した。

四六年七月はじめ、同じく中央委員会の把握するユダヤ人は約二四万四〇〇〇人にまで増加するが、彼らの多くは、戦後ポーランドで生活を再建する道を選択しなかった。その理由は、ユダヤ人虐殺の記憶がまとわりつく土地に住み続けることの心理的困難に加え、戦後ポーランドで頻発したユダヤ人に対する暴行、殺害、ポグロムに対する恐怖である。

強制収容所あるいはソ連の避難地から生還したユダヤ人に対し、彼らの不在

図32　ウィーン中央墓地内の第一次世界大戦戦没ユダヤ人兵士の戦争墓
(2012年、著者撮影)

図33　戦没ユダヤ人兵士戦争墓の内部
大理石の銘板に数百人の兵士の名が刻まれている。第二次世界大戦では、戦死したユダヤ人兵士はいない。ユダヤ人は戦争とは別の論理で殺害された。
(2012年、著者撮影)

中、彼らの店や家屋を占拠したポーランド人は、しばしばその返還を拒み、それどころか、返還を要求したユダヤ人が殺害されるという事件も発生した。ソ連により、ポーランド国民の意思を無視した社会主義化が進行するなかで、それに抵抗するポーランド民族主義者の武装組織は、ユダヤ人とボリシェヴィキを同一視するビラを流してユダヤ人に対する反感を煽り、儀式殺人*の噂がポグロムを誘発した。一九四六年七月四日のキェルツェでは、儀式殺人の噂に興奮した群衆がユダヤ人を襲撃し、虐殺されたユダヤ人は、当日死亡した者、重傷をおって後に死亡した者を合わせて四二人にのぼる。戦後になってポーランド人に殺害されたユダヤ人の数について、正確なことは不明だが、一九四四年から四七年のあいだに一五〇〇人から二〇〇〇人と推定する研究も存在する。キェルツェのポグロムは、ユダヤ人のポーランドからの大量脱出を促し、ポグロム直前で二〇万人以上であったポーランドのユダヤ人口は、一九四七年春には、推定で一一万人に激減した。これが、戦前三〇〇万人以上の規模を擁したポーランド・ユダヤ人社会の戦後の姿である。ポーランドを出たユダヤ人は、アメリカあるいはパレスチナへと渡っていった。▼

こうして戦間期に小多民族国家であったポーランドは、第二次世界大戦後は、国民のほとんどがカトリックのポーランド人という、単一民族国家に近い国家となる。他方、西ウクライナの中心都市リヴィウ（ウクライナ語称）の一九八九年の人口構成は、総人口七八万六九〇三人のうち、ウクライナ人が六二万二七

儀式殺人
中世以来、キリスト教ヨーロッパ世界に流布した作り話。ユダヤ人はキリスト教徒の子どもや処女を殺し、その血をユダヤ教の儀式に使っていると信じられた。近代にいたるまで、儀式殺人の容疑により、ユダヤ人が集団的に虐殺された。

▼ホロコースト後のユダヤ人の状況については、野村真理『ホロコースト後のユダヤ人——約束の土地は何処か』（世界思想社、二〇一二年）を参照。

〇一人（七九・一パーセント）、ロシア人が一二万六四五九人（一六・一パーセント）で、ユダヤ人は一万二七九五人（一・六パーセント）、ポーランド人は九七三〇人（一・二パーセント）である。ここでのユダヤ人のほとんどは、旧東ガリツィアでホロコーストを生き延びた者たちではなく、戦後ロシアからの移住者である。

未完の戦争としての第一次世界大戦

第一次世界大戦は未完の戦争といわれる。それは、なぜか。この問いにどう答えるかは、さらに、では、何をもって戦争は完了したと考えるのか、という第二の問いに対する答えにつながる。

第一次世界大戦を勝れて「仏独戦争」であったととらえるベッケールとクルマイヒにもどれば、第一次世界大戦終結のため、一九一九年六月二八日に連合国とドイツのあいだで交わされたヴェルサイユ条約は、戦争を終わらせるどころか、逆に、次なる第二次世界大戦の火種となった。ヴェルサイユ条約は、ドイツに開戦責任のいっさいを負わせ、その代償として領土の約一割を奪い、一三二〇億金マルクという支払い不可能な額の賠償金を課し、戦争の終わり方に対するドイツ国民の不満とフランスに対する憎悪を煽った。一九一四年八月二日の『フランクフルト新聞』が書いたように、ドイツ国民は、ロシアから仕掛けられた攻撃を受けて立ち、英仏露の包囲網に対して防衛戦を戦ったと信じていた。ドイツは、軍人だけでも二〇〇万を超える死者と四〇〇万を超える負傷者を出し、イギリスによる海上封鎖で食料や肥料の輸入が途絶えた銃後では、推定七〇万から八〇万人が餓死した。▼ その戦争の結果がヴェルサイユ条約であるとは、ドイツ人には納得できなかった。第一次世界大戦は、ドイツ人にとって、これで終わってはならない戦争だった。

この未完の独仏対決は、第二次世界大戦の惨禍を見た後、ようやく一九四五年に、両国民が「両国民同士の憎しみはただ無意味であっただけでなく、相互の破壊をもたらした」だけであったことを認識して完了する。一九五一年の「ヨーロッパ石炭鉄鋼共同体」*（略称ECSC）は、ドイツ、フランスが、もはや戦争を繰り返すべきではないという共有認識のもとに発足し、それが、現在のヨーロッパ連合、すなわちヨーロッパ共通の家へと発展した。

では、東中欧において第一次世界大戦は、いかなる意味で未完だったのだろうか。

「はじめに」で述べたように、ヨーロッパにおける長い一九世紀をフランス、ドイツを軸とする国民国家形成の時代であったというとき、そこでめざされた近代国民国家の理想とは、国民が国家の主権者である国家であり、国民の意思が国民の多数派の意思に基づいて決定される民主主義国家であろう。そのさい問題は、その民主的決定に参加すべき人々の領域的囲い込みの仕方、すなわち国民国家の境界の画定の仕方だが、ヨーロッパでは、たとえばフランスやドイ

▼本シリーズ藤原辰史『カブラの冬』参照。

ヨーロッパ石炭鉄鋼共同体 一九五二年八月、石炭と鉄鋼という重要な資源を統一市場で管理することを目的とし、フランス、西ドイツ、イタリア、ベルギー、オランダ、ルクセンブルクの六ケ国で設立された。

ツの場合のように、国家の境界は、ほぼ言語を基準とする民族集団の境界に求められた。というのも、そこでは、言語の共通性を媒介として運命共同体意識が発生し、民主主義国家における多数派と少数派の意見の相違にもかかわらず、多数決による統治が機能して、国家が最も安定しやすいからである。

しかし、民族の境界が定めがたい東中欧でそのような国民国家の形成が模倣されるとき、いかなる事態が発生するであろうか。

東中欧では、第一次世界大戦によるロシアとオーストリア＝ハンガリー二重帝国の崩壊で図5の諸国家が誕生したが、それによってこの地域を襲った地殻変動が完了したわけではなかったことは、本書で詳述したとおりである。さらに、第二次世界大戦後の図34も、ソ連に取り込まれたバルト三国やウクライナ、あるいは旧ユーゴスラヴィア連邦の構成国にとっては過渡期であった。ソ連の社会主義体制が揺らぎ始めるや、一九九一年にエストニア、ラトヴィア、リトアニアのバルト三国とウクライナが独立する。そのさい、ウクライナ独立運動がもっとも激しく展開された西ウクライナで、運動の急先鋒を担った「ペレストロイカのための人民運動」（通称ルフ。ルフは運動を意味する）は、意識の上でOUNに繋がる組織である。さらに、一九九一／九二年にはユーゴスラヴィア連邦が崩壊、▼一九九三年にチェコスロヴァキアがチェコとスロヴァキアに分離した。旧ユーゴスラヴィアは、七つの国境、六つの共和国、五つの民族、四つの言語、三つの宗教、二つの文字、一つの国家といわれたヨーロッパに残った

▼旧ユーゴスラヴィア連邦を構成した六つの共和国のうち、一九九一年六月にスロヴェニアとクロアチアが独立を宣言し、同年一〇月にボスニア・ヘルツェゴヴィナが、一一月にマケドニアがこれに続いた。残るセルビアとモンテネグロは、翌一九九二年に新ユーゴスラヴィアを創設するが、二〇〇六年にそれぞれ独立国家となり、ここに旧ユーゴスラヴィア連邦は完全に解体された。民族的純度が比較的高いスロヴェニアを例外として、ほかはすべて諸民族が混住する多民族国家であり、とりわけクロアチアとボスニア・ヘルツェゴヴィナの独立にあたっては、それによってそれぞれの国家で少数民族となることを嫌ったセルビア人が、セルビア共和国と結びつきつつ両国の連邦からの分離・独立に反対し、対立する民族が殺戮しあう内戦が発生した。

図34　第二次世界大戦後の東中欧
(Paul Robert Magocsi, *Historical Atlas of East Central Europe*, Seattle/London 1993, p. 161より作成)

図35 ヨーロッパ共通の家（2013年）

最後の多民族連邦国家だった。その解体過程で民族浄化の名のもとに発生した大量虐殺は、これがヨーロッパでの出来事かと、同時代人に衝撃を与えた。

こうして東中欧および南欧では、ホロコースト、住民交換、住民追放、民族浄化により、西部戦線の塹壕戦とは別の論理にもとづくおびただしい数の死者を積み重ねた後、第一次世界大戦によって始まった一連のプロセスが完了した。現在では、東中欧の諸国家および旧ユーゴスラヴィアのスロヴェニア、クロアチアもヨーロッパ共通の家の構成国である（図35）。そうであってみれば、ヨーロッパ共通の家は、西部戦線においても東部戦線においても、未完の第一次世界大戦の完了態なのだろうか。

諸国家という小部屋からなるこの家は、かつてモルスティン伯爵が住んでいた大いなる家ではない。現在のヨーロッパで、国民国家という小部屋の限界がすでにさまざまに指摘されているが、大いなる家を再構築するための方法論は、いまだ見出されてはいない。その意味で、第一次世界大戦が提起した問題は、いまもなお未完である。

参考文献

伊東孝之・井内敏夫・中井和夫編『ポーランド・ウクライナ・バルト史』山川出版社、一九九八年。

大津留厚『ハプスブルクの実験——多文化共存を目指して』春風社、二〇〇七年。

大津留厚『捕虜が働くとき——第一次世界大戦・総力戦の狭間で』人文書院、二〇一三年。

ストルィコフスキ、ユリアン（坂倉千鶴訳）『還らぬ時』恒文社、一九九七年。

中井和夫「ドラホマノフ覚書——帝政ロシアとウクライナ」『ロシア史研究』三八号、一九八三年。

中井和夫「うそからでたまこと——ウクライナの偽書『イストーリア・ルーソフ』」和田春樹（編）『ロシア史の新しい世界』山川出版社、一九八六年、所収。

野村真理『ウィーンのユダヤ人——一九世紀末からホロコースト前夜まで』御茶の水書房、一九九九年。

野村真理『ガリツィアのユダヤ人——ポーランド人とウクライナ人のはざまで』人文書院、二〇〇八年。

野村真理『ホロコースト後のユダヤ人——約束の土地は何処か』世界思想社、二〇一二年。

平田達治『放浪のユダヤ人作家ヨーゼフ・ロート』鳥影社、二〇一三年。

ベッケール、ジャン＝ジャック／クルマイヒ、ゲルト（剣持久木・西山暁義訳）『仏独共同通史　第一次世界大戦』上・下巻、岩波書店、二〇一二年。

ホブズボーム、エリック・ジョン（野口建彦・野口照子訳）『帝国の時代　一八七五—一九一四』Ⅰ／Ⅱ、みすず書房、一九九三／一九九八年。

ホブズボーム、エリック・ジョン（河合秀和訳）『二〇世紀の歴史――極端な時代』上・下巻、三省堂、一九九六年。

松本彰『記念碑に刻まれたドイツ――戦争・革命・統一』東京大学出版会、二〇一二年。

宮崎悠『ポーランド問題とドモフスキ――国民的独立のパトスとロゴス』北海道大学出版会、二〇一〇年。

宮島直機『ポーランド近代政治史研究』中央大学生協出版局、一九七八年。

モッセ、ジョージ・L（宮武実知子訳）『英霊――創られた世界大戦の記憶』柏書房、二〇〇二年。

Adelsgruber, Paulus/Cohen, Laurie/Kuzmany, Börries, *Getrennt und doch verbunden. Grenzstädte zwischen Österreich und Russland 1772-1918*, Wien/Köln/Weimar 2011.
אנ-סקי, ש., דער יידישער חורבן פון פוילן, גאליציע און בוקאווינע 1914-1917, 4 טיילן, ווארשע 1923.
Армейский вестник. No. 14, 9 сентября 1914 г.（штаб Главнокомандующего армиями Юго-Западного фронта）
Bendow, Josef（pseud）, *Der Lemberger Judenpogrom*, Wien/Brünn 1919.
Blumenthal, Hermann, *Galizien. Der Wall im Osten. Kriegserzählungen*, München 1915.
Cohen, Israel, *A Report on the Pogroms in Poland*, Piccadilly 1919.
Deutscher, Isaac, *The Non-Jewish Jew and Other Essays*, ed. by Tamara Deutscher, New York/Toronto 1968.（I・ドイッチャー［鈴木一郎訳］『非ユダヤ的ユダヤ人』岩波新書、一九七〇年。）
The Diary of Anne Kahan. Siedlce, Poland, 1914-1916, in: *YIVO Annual of Jewish Social Science*, Vol. XVIII, 1983.
Döblin, Alfred, *Reise in Polen*, Olten/Freiburg im Breisgau 1968.（アルフレート・デーブリーン［岸本雅之訳］『ポーランド旅行』鳥影社、二〇〇七年。）
Documents of Russian History 1914-1917, ed. by Frank Alfred Golder, translated by Emanuel Aronsberg,

Gloucester, Mass. 1964.

(Eisler, Julius), *Die jüdische Miliz in Lemberg 1–21/XI und Der Lemberger Pogrom 22. bis 25. November 1918*, o. O., o. J.

Ereignisse in der Ukraine 1914–1922, deren Bedeutung und historische Hintergründe, hrsg. von Theophil Hornykiewicz, 4 Bde., Philadelphia, Pa. 1966–1969.

Evidence of Pogroms in Poland and Ukrainia (*sic*), issued by Information Bureau of the Committee for the Defense of Jews in Poland and Other East European Countries, New York 1919.

Fäßler, Peter/ Held, Thomas/ Sawitzki, Dirk (Hg.), *Lemberg-Lwów-Lviv*, Köln/Weimar/Wien 1993.

Golczewski, Frank, *Polnisch-jüdische Beziehungen 1881–1922*, Wiesbaden 1981.

Groß, Gerhard P. (Hg.), *Die vergessene Front. Der Osten 1914/15*, Paderborn/München/Wien/Zürich 2006.

Hagen, Mark von, *War in a European Borderland. Occupations and Occupation Plans in Galicia and Ukraine, 1914–1918*, Washington 2007.

Höbelt, Lothar, »So wie wir haben nicht einmal die Japaner angegriffen«. Österreich-Ungarns Nordfront 1914/15, in: Gerhard P. Groß (Hg.), *Die vergessene Front. Der Osten 1914/15*, Paderborn/München/Wien/Zürich 2006.

Hoen, Max Ritter von, *Geschichte des salzburgisch-oberösterreichischen K. u. k. Infanterie-Regiments Erzherzog Rainer Nr. 59 für den Zeitraum des Weltkrieges 1914–1918*, Salzburg 1931.

Jüdisches Archiv. Mitteilungen des Komitees »Jüdisches Kriegsarchiv« 1915–1918, Wien/Berlin 1920.

Kreppel, Jonas, *Juden und Judentum von Heute*, Zürich/Wien/Leipzig 1925.

Kriegsbriefe deutscher und österreichischer Juden, hrsg. von Eugen Tannenbaum, Berlin 1915.

Lachs, Minna, *Warum schaust du zurück. Erinnerungen 1907–1941*, Wien/München/Zürich 1986.

Die Lage der Juden in der Ukraine. Eine Dokumentensammlung, hrsg. von Ukrainischen Pressedienst, Berlin 1920.

Löwe, Heinz-Dietrich, *The Tsars and the Jews. Reform, Reaction and Anti-Semitism in Imperial Russia 1772–1917*, Chur etc. 1993.

Mick, Christoph, *Kriegserfahrungen in einer multiethnischen Stadt : Lemberg 1914–1947*, Wiesbaden 2010.

Moraht, E., *Unser Krieg*, Bd. 3, *Die Ostfront. Der Krieg an der Ostfront von Kurland bis Konstantinopel*, Dachau bei München o. J.

Pitreich, Max Freiherr von, *Lemberg 1914*, Wien 1929.

Porter, Brian, *When Nationalism Began to Hate. Imagining Modern Politics in Nineteenth-Century Poland*, Oxford 2000.

Prusin, Alexander Victor, *Nationalizing a Borderland. War, Ethnicity, and Anti-Jewish Violence in East Galicia, 1914–1920*, Tuscaloosa, Alabama 2005.

Raport delegacji ministerstwa spraw zagranicznych R. P. w sprawie wystąpień antyżydowskich we Lwowie, Archiwum Akt Nowych, Komitet Narodowy Polski, nr 159, k. 103–108, in: Jerzy Tomaszewski, Lwów, 22 listopada 1918, in: *Przegląd Historyczny*, Warszawa, tom LXXV, zesz. 2, 1984.

Rauchensteiner, Manfried, *Der Tod des Doppeladlers. Österreich-Ungarn und der Erste Weltkrieg*, Graz/Wien/Köln 1993.

Rauchensteiner, Manfried, *Österreich-Ungarn und der Erste Weltkrieg 1914–1918*, Graz 1998.

Reichspost, Morgenausgabe, Wien, 17. August 1914.

Rosenkranz, Moses, *Kindheit. Fragment einer Autobiographie*, hrsg. von George Guţu und Doris Rosenkranz, Aachen 2001.

Roth, Joseph, Radetzkymarsch, in: *Joseph Roth Werke in drei Bänden*, Bd. 1, Köln/Berlin 1956.（ヨーゼフ・ロート［平田達治訳］『ラデツキー行進曲』鳥影社、二〇〇七年。）

Roth, Joseph, *Die Büste des Kaisers*, Reclam 1984.

Schneider, Constantin, *Die Kriegserinnerungen 1914-1919*, hrsg. von Oskar Dohle, Wien/Köln/Weimar 2003.

Schoenfeld, Joachim, *Shtetl Memoirs. Jews in Galicia under Austria and in the Reborn Poland — 1898-1939*, Hoboken, New Jersey 1985.

Schuster, Frank M., *Zwischen allen Fronten. Osteuropäische Juden während des Ersten Weltkrieges (1914-1919)*, Köln/Weimar/Wien 2004.

Sieg, Ulrich, *Jüdische Intellektuelle im Ersten Weltkrieg. Kriegserfahrungen, weltanschauliche Debatten und kulturelle Neuentwürfe*, Berlin 2001.

Sil=Vara（pseud),（Silberer, Geza), *Ein Wiener Landsturmmann. Kriegstagebuchaufzeichnungen aus Galizien*, München 1915.

Sperber, Manès, *Die Wasserträger Gottes. All das Vergangene...*, Wien 1974.（マネス・シュペルバー［鈴木隆雄・藤井忠訳］『すべて過ぎ去りしこと…』水声社、一九九八年。）

Starzyński, Roman, *Cztery lata wojny w służbie komendanta. Przeżycia wojenne 1914-1918*, Warszawa 1937.

Szlanta, Piotr, Der Erste Weltkrieg von 1914 bis 1915 als identitätsstiftender Faktor für die moderne polnische Nation, in: Gerhard P. Groß（Hg.), *Die vergessene Front. Der Osten 1914/15*, Paderborn/München/Wien/Zürich 2006.

Tomaszewski, Jerzy, Lwów, 22 listopada 1918, in: *Przegląd Historyczny*, Warszawa, tom LXXV, zesz. 2, 1984.

Waldmann, Moshe, Die letzten Tage des oesterreichischen Lemberg, in: *Juedische Rundschau Maccabi*, Basel, Jg. 10, Nr. 36, 1951–Jg. 11, Nr. 15, 1952.

Wendland, Anna Veronika, *Die Russophilen in Galizien. Ukrainische Konservative zwischen Österreich und Rußland 1848–1915*, Wien 2001.

Wertheimer, Fritz, *Von der Weichsel bis zum Dnjestr. Neue Kriegsberichte*, 2. Aufl., Stuttgart/Berlin 1915.

Wittlin, Józef, *Sól ziemi*, Warszawa 1979. (Józef Wittlin, *Das Salz der Erde*, übersetzt aus dem Polnischen von Izydor Berman, Frankfurt a. M. 2000.)

Wróbel, Piotr, The Jews of Galicia under Austrian-Polish Rule, 1869–1918, in: *Austrian History Yearbook*, Vol. 15, 1994.

Zach, Franz, *Galizien und Bukowina. Wanderungen über die Schlachtfelder und Schilderung von Land und Leuten*, Klagenfurt 1917.

あとがき

大学でガリツィアの近・現代の話をすると、学生から、いまの日本に生まれてよかった、という感想が返ってくる。なるほど、日本・日本人・日本語の三点セットの成立に何の疑問も感じず、国家や国籍など意識しないですごせる日常は幸福ということだろう。

「あとがき」でずるずる本文の補足めいたことを書くのは、著者としていささか締まりに欠けるが、一九一八年秋にオーストリア＝ハンガリー二重帝国が崩壊した後、旧帝国民の国籍はどうなったのか。

ポーランド領となったガリツィアで、右の三点セットの成立に困難を感じる人はいくらでもいた。本書でたびたび引用したヨーゼフ・ロートもその一人である。一八九四年に東ガリツィアのブローディで生まれたロートは、一九〇五年から一三年までブローディのクーロンプリンツ・ルードルフ・ギムナジウムで学んだが（六二ページ参照）、このギムナジウムは、ポーランド語とウクライナ語の話者が多数を占めるガリツィアで、ほとんど例外的にドイツ語で授業を行う学校だった。ギムナジウム卒業後、ロートはポーランド語を教授言語とするルヴフ大学で入学手続きをとるものの、講義に出た形跡はない。一九一四年春、ウィーン大学に移り、新進のドイツ語作家として成長していった。ガリツィアは生まれ故郷だが、ロートにとってポーランド国籍になるメリットはない。

旧帝国民の戦後の国籍について、一九一九年九月一〇日に連合国とオーストリアのあいだで調印されたサン・ジェルマン条約は、その者が本籍権をもつ本籍地の所在地を国籍の基準と定めた。本籍権とは、その者がその地で救貧扶助を受ける権利等を意味するが、本籍権の詳細はさておき、ガリツィアを本籍地とするロートの場合、条約によれば自動的にポーランド国籍となる。

これに対して、条約の原則にしたがって付与される国籍について、その国籍の保持者の多数と言語ならびにrace（条約のフランス語原文ではrace、条約のドイツ語訳ではRasse）が一致しない者のために救済措置を定めたのが条約第八〇条である。第八〇条は、その者が、その者と言語ならびにrace/Rasseを同じくする人々の国家の国籍を選択取得できる権利を認めていた。

raceのドイツ語訳とされたRasseは、通例「人種」と訳される語である。しかし、人種を同じくするとはどういうことだろうか。現在の日本もそうだが、近代にはいって人の移動の自由が実現され、帝国内移住が活発化した結果、旧帝国で、本籍地と現住所のある場所が異なる人は少なくなかった。とりわけサン・ジェルマン条約で慌てたのは、ガリツィアに本籍地を残したままウィーンに移住し、すでに二世代、三世代と暮らしてウィーンのドイツ語文化に同化したユダヤ人や、第一次世界大戦中、戦争難民としてガリツィアからウィーンに逃げ込み、もはや反ユダヤ主義の吹き荒れるポーランドに帰ることを望まないユダヤ人である。自動的にポーランド国籍とされることを避けるため、彼らのうち、ドイツ語を教授言語とする学校での在籍を証明できる者は、第八〇条にもとづきオーストリア国籍の取得を申請した。しかし、はたしてドイツ語の話者であることは、人種としてドイツ人に属することの証明にもなるのか。そもそも人種とは何で、人種的帰属は何によって証明可能なのか。

サン・ジェルマン条約第八〇条は、該当者に不安を与え、国籍取得申請を受け付けるオーストリア内務省の窓口を混乱させた。実際、露骨な反ユダヤ主義を唱える大ドイツ国民党のヴァーバーが内務大臣に就任した一九二一年後半あたりから、ユダヤ人は、ドイツ語への言語的帰属を証明できても、人種的にドイツ人には帰属しないという理由でオーストリア国籍取得を否認されるケースが続発する。なかには、同じ両親から生まれた兄弟で、一方にはオーストリア国籍が認められ、他方は人種的理由で否認されるという奇妙なケースも発生した。

ロートにもどれば、一九二〇年にウィーンからベルリンへ活動拠点を移していたロートは、一九二一年六月はじめ、ベルリンからオーストリア内務省に対してオーストリア国籍取得のための申請書を提出し、とくに問題なく国籍を認められている。平田達治先生の『放浪のユダヤ人作家ヨーゼフ・ロート』(鳥影社、二〇一三年)によれば、ロートが念入りに準備し、申請書に添付したベルリンのオーストリア領事館員の推薦書には、「申請者からは完全にドイツ人だとの印象を受ける」という一文があったという。第一次世界大戦中、戦火を逃れてウィーンのロートのもとに身を寄せていた母親は、戦後、ガリツィアに戻り、ポーランド国籍になった。こうして親子で国籍がわかれた。

ロートが自分の出生地を「ブローディ近郊のコロニー、シュヴァビ(シュヴァーベンドルフ)」と偽るのは、どうやらこのときのオーストリア国籍申請書からであるようだ(六二ページの下注を見よ)。ガリツィアの歴史を知る者は、これを聞けばただちにピンとくる。一七七二年の第一次ポーランド分割でガリツィアを領有すると、オーストリアのヨーゼフ二世は、ガリツィア開発促進を目的としてドイツから手工業者や商人、農民を誘致した。(詳しくは、野村真理『ガリツィアのユダヤ人』人文書院、二〇〇八年、一二一ページ以下を見よ。)とくにドイツ人農民の入植が進められたのは、当時まだ人口密度が低い未開拓地の東ガリツィアである。誘致に応じたドイツ人は南西ドイツ出身者が多く、シュヴァーベンもその一部だった。ドイツ人入植者は入植地に出身地に因んだ名をつけることも多く、したがって、出生地がコロニー、シュヴァビ（シュヴァーベンドルフ）とくれば、そうしたドイツ人入植者の子孫で、当然ながらドイツ人という連想が働くのである。ちなみにガリツィアに点在したドイツ人入植者の村も、ナチによる民族ドイツ人の回収その他で姿を消した（一二八ページの下注参照）。

『地の塩』の作者ヴィトリン（一六ページ参照）とロートが知り合うのは、両人がウィーン大学在学中のことである。同じ東ガリツィア出身のユダヤ人で、年齢も二歳違いと近く、二人は生涯の友となった。一九一六年五月には、ともに志願して兵役に従事するが、戦後、ロートはウィーンに戻ったのに対し、ヴィトリンはルヴフに戻り、ポーランド語の詩人、作家としての道を歩む。両人の国籍もわかれた。

ロートは、一九三三年一月三〇日のヒトラーによる政権掌握直前にドイツを去り、フランスに赴く。そして一九三八年三月のナチ・ドイツによる祖国オーストリア合邦の衝撃から立ち直れないまま、オーストリアにのこした精神病の妻の身を案じつつ、ますます酒に溺れ、一九三九年五月、四四歳の若さで、ただのユダヤ人として孤独に死んだ。一九二一年に取得したオーストリア国籍など、ナチのもとで、もはや何の意味もなかった。

一九三九年九月一日の第二次世界大戦開戦時に運よくパリにいたヴィトリンは、一九四一年一月、ニューヨークに亡命し、以後、ポーランドに戻ることはなかった。ヴィトリンは一九四六年に、少年・青年時代を過ごしたルヴフの回想記『わがルヴフ』を出版している。そこに綴られるのは、読む者の胸まで熱くするルヴフへの愛だが、ヴィトリンは一九一八年一一月のルヴフのポグロム（一〇九ページ以下参照）を目の当たりにし、ホロコーストの嵐のなかでルヴフのユダヤ人社会が消滅したことも、すべて知っていたはずだ。ヴィトリンにとってルヴフは「ふるさとは遠きにありて思うもの　帰るところにあるまじや」であったかもしれない。

本書は、拙著『ウィーンのユダヤ人』（御茶の水書房、一九九九年）および前掲の『ガリツィアのユダヤ人』と部分的にテーマが重なり、そのため記述に重複があることをお許し願えればと思う。

本書を完成するまでに多くの方々のお世話になった。まず、はじめに、京都大学人文科学研究所共同研究班「第一次世界大戦の総合的研究に向けて」には、本書執筆の機会ならびに二〇一三年五月の第六三回日本西洋史学会大会小シンポジウム「第一次世界大戦再考」にて本書の内容の一部を報告する機会を与えていただいた（報告題「未完の戦争　東部戦線によせて」）。

第一次世界大戦に関連する図版については、ドイツの記念碑研究の第一人者、新潟大学人文学部の松本彰教授より、段ボール箱一杯の図録をお貸しいただいた。

また、地方大学に孤立した私のガリツィア研究を支えてくれているのは、月一回、京都で開催される立命館大学大学院先端総合学術研究科西成彦教授主催のポーランド語勉強会である。ガリツィアの地名のポーランド語称については、最終的に西教授にチェックしていただき、本書のテーマに関連するポーランド文学作品のおもしろさの発見は、西教授をはじめとして、勉強会の若き研究仲間、京都大学大学院人間・環境研究科所属の日本学術振興会特別研究員（ＰＤ）菅原祥氏ならびに立命館大学大学院先端総合学術研究科博士課程の田中壮泰氏との議論に多くをおっている。ここに心より御礼を申し上げたい。

出版にさいしては、『ガリツィアのユダヤ人』に続き、なぜか東ヨーロッパ事情に滅法詳しい人文書院編集部の井上裕美さんのお世話になった。ガリツィアといっても、どこの話？　と怪訝な顔をされる方が普通で、井上さんのように心強い編集者にめぐまれたのは幸運のかぎりであった。

二〇一三年七月　室生犀星の故郷　金沢にて

野村真理

1918	11. 9	ドイツ、ヴィルヘルム二世退位　ドイツ共和国成立宣言
		ウクライナ民族評議会、西ウクライナ人民共和国樹立宣言
	11. 11	ドイツ、連合国と休戦
		オーストリア＝ハンガリーのカール一世、権力放棄を宣言
	11. 12	ドイツオーストリア共和国成立宣言
	11. 14	**ピウスツキ、ポーランドの全権掌握**
	11. 18	ラトヴィア独立宣言
	11. 22	**ウクライナ民族評議会、ルヴフより撤退**
	11. 22-24	**ルヴフでポグロム発生**
	12. 1	セルビア人・クロアチア人・スロヴェニア人王国成立
1919	6. 28	ドイツ、ヴェルサイユ条約調印　ポーランド、ポーランド条約調印
	7月	**ポーランド軍、東ガリツィア全域を征圧**
	9. 10	オーストリア、サン・ジェルマン条約調印
	10. 21	サン・ジェルマン条約の規定により、国名をドイツオーストリアからオーストリア共和国に変更
1920	4. 25	ポーランド・ソ連戦争（－1921. 3. 18）
1921	3. 18	リーガ条約
1923	**3. 15**	**国際連盟、ポーランド東部国境を最終的に承認**

1915	**6. 22**	**ドイツ・オーストリア＝ハンガリー連合軍、ルヴフ奪還**
	9月末	**オーストリア＝ハンガリー、ガリツィア全域を奪還**
	10月	**東部戦線、リーガ、ピンスク、タルノポルの前線で安定**
	10. 9	セルビアの首都ベオグラード陥落
	10. 14	ブルガリア参戦
1916	2. 21	ヴェルダンの戦い（－12. 18）
	6. 4	**ロシア軍、ブルシーロフ攻勢（－10. 7）**
	7. 1	ソンムの戦い（－11. 18）
	8. 27	ルーマニア参戦
	11. 5	**ドイツ・オーストリア＝ハンガリーの二皇帝宣言、ポーランド王国の復活を約束**
	11. 21	**オーストリア＝ハンガリーのフランツ・ヨーゼフ一世死去**
1917	3. 8	ロシア二月革命始まる
	4. 6	アメリカ参戦
	6. 29	ギリシア参戦
	7. 1	**ロシア軍、ケレンスキー攻勢（－7月末）**
	8. 14	中国参戦
	11. 2	バルフォア宣言、イギリス、シオニストに対し、パレスチナにおけるユダヤ人のためのナショナル・ホーム建設に賛意を表明
	11. 6	ロシア十月革命始まる
1918	1. 8	アメリカ大統領ウィルソンが「平和に関する十四カ条」を発表
	2. 16	リトアニア独立宣言
	2. 24	エストニア独立宣言
	3. 3	ブレスト・リトフスク条約調印：ソヴィエト・ロシアの戦線離脱
	3. 21	ドイツ軍が西部戦線で大攻勢を開始
	7. 15	第二次マルヌの戦い（－8. 3）
	8. 8	アミアン戦（－10）でドイツ大敗北
	10. 16	**オーストリア＝ハンガリーのカール一世、「諸民族に対する布告」発布**
	10. 18	**ルヴフでウクライナ民族評議会（ラーダ）設立**
	10. 28	チェコスロヴァキア独立宣言　クラクフでポーランド清算委員会設立
	11. 1	**ウクライナ民族評議会、ルヴフ掌握　ポーランドとのあいだでルヴフ争奪戦開始**
	11. 3	キール軍港でドイツ水兵の反乱　オーストリア＝ハンガリー、連合国と休戦

略年表　特に本書にかかわる項目は太字

年	月日	出来事
1914	6. 28	サライェヴォ事件
	7. 23	オーストリア＝ハンガリー、セルビアに最後通牒
	7. 28	オーストリアがセルビアに宣戦布告
	7. 30	ロシア、総動員令発令
	8. 1	**ドイツ、ロシアに宣戦布告**
	8. 3	ドイツ、フランスに宣戦布告
	8. 4	ドイツ軍、ベルギーに侵攻。イギリス、ドイツと戦争状態に入る
	8. 6	**オーストリア＝ハンガリー、ロシアに宣戦布告**
	8. 7	モンテネグロ、オーストリア＝ハンガリーに宣戦布告
	8. 11	フランス、オーストリア＝ハンガリーに宣戦布告
	8. 12	イギリス、オーストリア＝ハンガリーに宣戦布告
	8. 14	**ロシア軍総司令官ニコライ・ニコラエヴィチ、勝利後、ポーランドの自治実現を約束**
	8. 15	ロシア軍、東プロイセンに侵攻
	8. 18	**ロシア軍、ガリツィアへ本格的侵攻開始**
	8. 23	日本、ドイツに宣戦布告
	8月末	**オーストリア＝ハンガリー軍下にポーランド軍団、ウクライナ軍団創設**
	8. 26	タンネンベルクの戦い（－30）ドイツ軍、ロシア軍を撃退
	9. 2	**ロシア軍、ルヴフ（レンベルク／リヴィウ）占領**
	9. 5	第一次マルヌの戦い（－30）西部戦線膠着へ
	10. 29	オスマン帝国参戦
	12月末	**ロシア軍、ガリツィアのほぼ全域を掌握**
1915	**1月**	**カルパチア戦（－3月末）、オーストリア＝ハンガリー軍壊滅的損失を被る**
	1. 18	日本が「対華二十一カ条要求」を提出
	3. 22	**ガリツィアのプシェミシル要塞、ロシア軍により陥落**
	4. 22	第二次イープル戦（－5. 24）：ドイツ、西部戦線初の毒ガス大量使用
	5. 1	**ドイツ・オーストリア＝ハンガリー連合軍による攻勢、ロシア軍退却開始**
	5. 23	イタリア参戦
	5. 31	ドイツ軍のロンドン空爆
	6. 3	**ドイツ・オーストリア＝ハンガリー連合軍、プシェミシル要塞奪還**

野村真理（のむら・まり）
1953年生まれ。一橋大学大学院社会学研究科博士後期課程退学。現在、金沢大学名誉教授。一橋大学にて博士（社会学）。専攻は社会思想史・西洋史。著書に『西欧とユダヤのはざま――近代ドイツ・ユダヤ人問題』（南窓社、1992）、『ウィーンのユダヤ人――19世紀末からホロコースト前夜まで』（御茶の水書房、1999、日本学士院賞受賞）、『ガリツィアのユダヤ人――ポーランド人とウクライナ人のはざまで』（人文書院、2008）、『ホロコースト後のユダヤ人――約束の土地は何処か』（世界思想社、2012）など。

レクチャー　第一次世界大戦を考える
隣人が敵国人になる日――第一次世界大戦と東中欧の諸民族

2013年9月20日　初版第1刷発行
2022年5月30日　初版第2刷発行

著　者　野村真理
発行者　渡辺博史
発行所　人文書院
〒612-8447　京都市伏見区竹田西内畑町9
電話　075-603-1344　振替　01000-8-1103

装幀者　間村俊一
印刷所　創栄図書印刷株式会社
製本所　坂井製本所

ISBN978-4-409-51120-6　C1320
落丁・乱丁本は小社送料負担にてお取り替えいたします